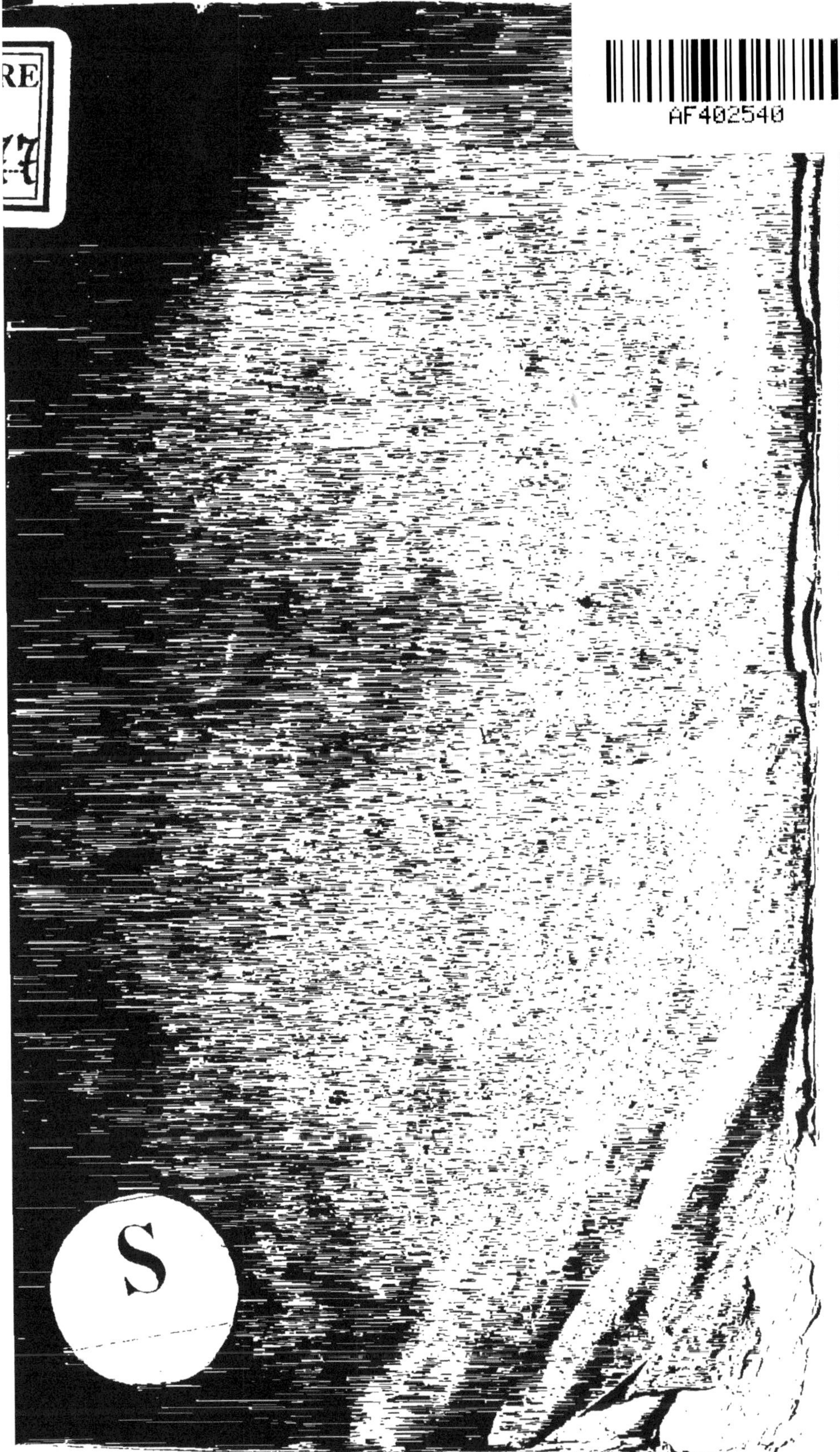
S

PRÉCIS

ÉLÉMENTAIRE

D'HISTOIRE NATURELLE.

IMPRIMERIE DE MARCHAND DU BREUIL,
rue de la Harpe, nº 8o.

PRÉCIS

ÉLÉMENTAIRE

D'HISTOIRE NATURELLE,

A L'USAGE

DES COLLÉGES ET DES MAISONS D'ÉDUCATION;

Par G. Delafosse,

CONSERVATEUR DES COLLECTIONS D'HISTOIRE NATURELLE ET PROFESSEUR SUPPLÉANT A LA FACULTÉ DES SCIENCES, MAÎTRE DE CONFÉRENCES A L'ÉCOLE NORMALE ET AIDE NATURALISTE AU JARDIN DU ROI.

Paris.

LIBRAIRIE CLASSIQUE DE L. HACHETTE,

ANCIEN ÉLÈVE DE L'ÉCOLE NORMALE,

RUE PIERRE-SARRAZIN, N° 12.

1830.

SECONDE PARTIE.

RÈGNE VÉGÉTAL.

NATURE DES CORPS ORGANISÉS ET VIVANS.

L'ensemble des êtres naturels [1] a été partagé en deux grandes divisions bien tranchées, dont l'une comprend les corps *bruts et inorganiques* et l'autre les corps *vivans et organiques*. Les corps bruts *se forment* par des réunions de molécules, qui sont déterminées uniquement par les lois générales des attractions physiques et chimiques ; leur structure consiste dans une simple agrégation de *particules homogènes* ; ils ne se développent point à l'intérieur, mais ils *augmentent* par de nouvelles particules, qui viennent se poser extérieurement contre les premières, et ils peuvent changer de forme en augmentant de volume ; enfin ils ne *se détruisent* que lorsque des actions provenant de corps qui les entourent tendent à les décomposer ou à disperser leurs molécules. Les corps vivans *naissent* toujours de corps semblables à eux ; ils ont une structure propre que l'on nomme *organisation*, parce qu'elle consiste dans une combinaison de *parties hétérogènes*, distinctes par leur forme, leur texture, leur position nécessaire, et qui sont les *organes* ou les instrumens de la vie ; ils *croissent* par intussusception, c'est-à-dire en attirant sans cesse et en introduisant dans leur tissu intime de nouvelles molécules, qui s'intercalent à celles qui existent déjà ; et ils conservent la même forme en augmentant de volume, tant qu'il ne se développe point en eux de nouveaux organes ; ils *meurent* enfin d'accident ou de vieillesse, lorsque par des causes extérieures ou par l'effet même de la vie, leur organisation éprouve des altérations qui arrêtent le mouvement vital.

La *vie* est un phénomène plus ou moins compliqué,

[1] Voyez première partie, page 54.

qui dans tout corps organique résulte de l'ensemble des fonctions des organes, agissant les uns sur les autres, et en même temps sur le monde extérieur. La vie suppose donc nécessairement l'organisation, et elle doit varier dans les différens termes de la série des êtres organiques, ou dans le même être considéré aux diverses époques de sa durée, suivant que l'organisation se simplifie ou se développe de plus en plus. Aussi ne pouvons-nous donner maintenant de ce phénomène qu'une idée générale, en cherchant à le caractériser par ce qu'il offre de plus constant.

On sait qu'un corps organique que la vie abandonne ne tarde point à tomber en dissolution ; les élémens qui le composent, cédant aux affinités des corps extérieurs, se séparent pour entrer dans de nouvelles combinaisons; celles dont ils faisaient partie dans le corps vivant ne pouvaient donc subsister que sous l'influence de la vie. De plus, ces dernières combinaisons, qui semblent être des exceptions momentanées aux lois ordinaires de la nature, se distinguent des combinaisons fixes des corps bruts, en ce qu'elles sont continuellement mobiles dans leur composition moléculaire. En effet, tous les corps vivans ont la propriété d'absorber par leur surface une partie des fluides qui les environnent, et d'exhaler en même temps des portions de leur propre substance, qu'ils restituent au monde extérieur, en sorte qu'il y a constamment dans chacune de leurs parties internes afflux de nouvelles molécules, et départ de molécules anciennes; par cette double fonction de l'absorption et de l'exhalation, chaque organe, et par suite le corps tout entier, se maintient et s'accroît, en conservant une forme déterminée, mais en renouvelant et augmentant sans cesse les élémens de sa substance, ce qui a fait dire à un célèbre naturaliste que la *forme* du corps vivant lui est plus essentielle que la *matière* qui le constitue. Le principal caractère de la vie consiste donc dans un mouvement continuel de composition et de décomposition, dans une circulation de molécules du dehors au dedans, et du dedans au dehors, par l'effet de laquelle les différentes parties d'un corps

organique croissent et durent avec des formes déterminées, en résistant aux forces générales de la matière
morte, qui tendent à les dissoudre.

. Un second fait, qui est peut-être aussi général que le
précédent, c'est que les corps vivans, que nous voyons
naître et s'accroître sous nos yeux, ont fait primitivement partie, à l'état de *germes*, de corps semblables à
eux, et dont ils se sont séparés. Ces germes, imperceptibles à l'instant de leur formation, contiennent déjà dans
leur tissu la trame ou le canevas des organes que la vie
doit y développer par la suite, et ce développement s'opère par des molécules qui se disposent dans cette trame
invisible, comme si leur place y était marquée d'avance.

Ces deux propriétés générales des corps vivans, la
nutrition et la génération, supposent dans ces êtres une
structure commune : il faut en effet que tous leurs organes soient composés de parties solides, qui en déterminent la forme, et de parties fluides qui puissent y entretenir le mouvement et la vie. Il faut en outre que les
premières aient de la flexibilité, pour pouvoir réagir sur
les autres; aussi la base de tout corps organique est-elle
une masse d'un tissu plus ou moins solide et spongieux,
composé de lames et de fibres, qui forment des cellules
et des canaux, dans lesquels les fluides sont contenus.
De plus, les changemens continuels que le tissu doit
éprouver dans sa composition chimique exigent qu'il y
ait peu de stabilité dans les combinaisons de ses élémens,
et que ceux-ci soient susceptibles de se convertir aisément en liquides ou en gaz. De là la simplicité et l'analogie de composition que présentent sous le rapport
chimique les corps organisés, dont les élémens généraux
sont l'oxygène, l'hydrogène, le carbone et l'azote.

Puisque la vie, quelque diversifiée qu'elle soit, nous
offre toujours des caractères communs, et que les êtres
vivans ne sont que des combinaisons variées d'organes,
concourant aux deux mêmes fonctions générales, la nutrition et la reproduction, il doit y avoir aussi entre ces
êtres des ressemblances d'organisation plus ou moins
profondes; et en effet, on peut en former une série de

groupes, tels que les corps réunis dans chacun d'eux soient composés d'organes semblables, disposés de la même manière, en sorte qu'il y ait entre ces corps une véritable analogie de plan et de composition organique. De plus, ces divers groupes peuvent être placés dans un ordre tel que l'on observe en passant de l'un à l'autre une gradation dans la complication des organes qui se rapportent aux deux grandes fonctions de la vie.

En étudiant ainsi comparativement les êtres organiques qui ont entre eux des points de ressemblance, on arrive à reconnaître leurs parties analogues, et l'on peut suivre le même organe dans toutes les modifications dont il est susceptible. Mais les parties d'un être vivant devant été coordonnées pour le rôle qu'il doit remplir, on s'aperçoit bientôt qu'une variation dans certains organes importans entraîne toujours des variations correspondantes dans les organes qui coexistent avec les premiers : il existe donc une corrélation entre toutes les parties, une sorte de loi d'harmonie qui règle les formes et les positions relatives des organes, et qui est telle que l'on peut souvent juger de leur ensemble par l'un d'eux, ou même par l'une de ses portions. A l'égard de cette influence exercée par certaines parties sur tout le reste de l'organisation, on trouve que les organes de nature différente se subordonnent les uns aux autres, et l'on parvient à déterminer l'ordre de leur importance relative.

L'*anatomie* est la science qui nous apprend à connaître la forme, la structure et les positions des organes; la *physiologie* est celle qui nous en découvre les fonctions. Lorsqu'elles ne sont point bornées à la considération d'une seule espèce, et qu'elles embrassent la totalité des êtres qui ont entre eux des ressemblances, afin d'étudier les modifications que les différens organes éprouvent dans la série de ces êtres, les combinaisons de ceux qui peuvent exister ensemble, et surtout les lois harmoniques qui règlent ces coexistences et qui établissent des rapports entre toutes les parties d'un être, sa forme générale, ses habitudes et les circonstances extérieures au milieu desquelles il est appelé à vivre, ces sciences prennent alors les noms d'*anatomie* et de *physiologie comparée*; l'une nous révèle les lois de l'organisation, et l'autre celles de la vie.

CARACTÈRES DISTINCTIFS ENTRE LES ANIMAUX ET LES VÉGÉTAUX.

Nous avons déjà dit que les êtres organiques ont été subdivisés en animaux et en végétaux. Les animaux sont des êtres vivans, capables de sentir et de se mouvoir à leur gré ; les végétaux sont des êtres vivans dépourvus de sensibilité et de mouvement volontaire. Ces définitions fort simples comprennent tous les êtres organisés connus; mais il est difficile dans certains cas, pour ne pas dire impossible, d'en faire une application rigoureuse, parce que les caractères de sensibilité et de motilité s'effacent insensiblement dans la série animale; que les espèces de l'un et de l'autre règne ont entre elles des ressemblances d'autant plus grandes que leur organisation est plus simple, en sorte que vers les extrémités les deux séries semblent se confondre, et qu'on ne peut plus décider alors auquel des deux règnes appartient tel ou tel corps. Si, à l'exemple de la plupart des naturalistes, nous négligeons un instant ces êtres problématiques pour en former plus tard une sorte de division intermédiaire aux deux règnes, ou pour les placer dans des appendices à la suite de l'un et de l'autre, nous n'aurons plus à étudier que des êtres qui ne présenteront aucune ambiguité, quant à leur nature, et ce sont, à vrai dire, tous ceux qu'il nous importe le plus de connaître. Leur distinction en animaux et en végétaux ne souffrira plus de difficulté parce qu'aux facultés de sensibilité et de locomotion se trouvera toujours joint un autre caractère facile à saisir, la présence d'une cavité intérieure (estomac ou canal intestinal) destiné à recevoir et à préparer les substances nutritives. Nous dirons donc maintenant que les animaux sont des êtres sensibles et mobiles, munis d'un sac ou d'un canal intestinal, qui cherchent leur nourriture, la choisissent, et la portent par la bouche dans l'estomac, où s'opère la digestion de la matière alimentaire ; tandis que les végétaux sont des êtres organiques dépourvus de sensibilité et de mouvement volontaire, et dans lesquels il n'existe aucune cavité centrale qui représente un estomac.

De ces différences fondamentales dérivent toutes celles que l'on observe entre les deux grandes classes de corps organisés. Nous ne ferons remarquer ici que les plus importantes. Les animaux étant doués de sensibilité et de motilité, pouvant aller chercher et choisir les alimens nécessaire à leur existence, ayant enfin des organes destinés à les préparer et à en tirer des sucs propres à être absorbés, leur nourriture et par suite leurs organes de nutrition doivent être très-variés ; et, en effet, on sait qu'ils se nourrissent de toute espèce de matières organiques, végétales ou animales. Les végétaux, au contraire, fixés invariablement au lieu qui les a vus naître, et ne pouvant en aucune manière changer leurs rapports avec les corps qui les environnent, ne peuvent se nourrir que de substances abondamment répandues autour d'eux dans le sol ou dans l'atmosphère, et propres à être immédiatement absorbées par leur surface extérieure ; leur nourriture doit donc se composer uniquement de substances inorganiques, telles que l'eau, l'air et les matières dissoutes dans ces deux véhicules, et leurs organes de nutrition doivent offrir peu de diversités. D'autres différences se tirent de la composition, soit chimique, soit organique. Nous avons déjà dit que les animaux et les végétaux étaient généralement formés des mêmes élémens chimiques ; mais dans les premiers c'est l'azote qui prédomine, tandis que c'est le carbone dans les seconds. Enfin les animaux doivent avoir des nerfs et des muscles pour sentir et pour se mouvoir : les végétaux sont nécessairement dépourvus de ces deux sortes d'organes élémentaires.

DES PARTIES ÉLÉMENTAIRES DES VÉGÉTAUX.

L'anatomie nous montre les végétaux composés d'un certain nombre de parties solides ou de tissus élémentaires qui, en se combinant de diverses manières, constituent les organes proprement dits. Ces parties sont : le *tissu cellulaire*, le *tissu vasculaire* et le *tissu fibreux*; 1° le tissu cellulaire : il se compose d'un amas de petites cellules ou de vésicules membraneuses, closes de toutes parts, et plus ou moins soudées par approche les unes avec les autres. La mousse de savon, l'écume de la bière ou le gâteau de cire produit par les abeilles, peuvent donner une idée de son apparence. Dans l'origine ces cellules à parois transparentes sont isolées et arrondies; sous l'influence de certaines causes elles sont susceptibles de végéter, c'est-à-dire de croître et de développer dans leur intérieur d'autres cellules plus petites qui s'offrent sous l'aspect de globules, tantôt incolores, et tantôt colorés le plus ordinairement en vert. Ces cellules, lorsqu'elles sont aglomérées et pressées également en tous sens, prennent une forme à peu près hexagonale. Mais lorsque la pression est moins considérable dans un certain sens, elles prennent une forme plus ou moins allongée. On parvient souvent à isoler les unes des autres les cellules du tissu cellulaire par l'ébullition dans l'eau ou dans l'acide nitrique. Le tissu cellulaire existe dans toutes les parties des plantes; mais il est surtout abondant dans celles qui sont tendres, faciles à lacérer, et qui n'ont point de tendance marquée à s'allonger dans une certaine direction. Ainsi les feuilles et les fruits charnus, les racines, les herbes, les jeunes pousses, et surtout la moelle des végétaux, en contiennent abondamment; pour les observer il suffit de couper en travers une de ces parties, de la réduire en une lame mince et transparente, et de l'examiner attentivement à la loupe ou bien au microscope. Les cellules sont éminemment douées de la faculté d'absorber les liquides, et elles paraissent destinées à favoriser leur ascension, et surtout à élaborer des sucs dans leur intérieur.

2°. Le tissu vasculaire : si l'on coupe en long une partie de plante, on y remarque toujours des cavités tubuleuses, dépourvues de cloisons transversales, et des filets plus ou moins opaques; les tubes ou canaux non cloisonnés transversalement ont reçu le nom de *vaisseaux*, et les filets opaques celui de *fibres*. Les vaisseaux sont des tubes cylindriques, ou plus ou moins étranglés de place en place (vaisseaux en chapelet), dont les parois sont souvent munies de points, de raies, d'anneaux ou de lames spirales. Ces vaisseaux ne sont point continus depuis la base jusqu'au sommet de la plante ; mais ils se réunissent fréquemment entre eux, et finissent par se changer en tissu cellulaire. Il paraît même que ces sortes de tuyaux proviennent de cellules qui ont pris une grande extension en longueur, ou bien de cellules ordinaires soudées bout à bout, et dont les diaphragmes ou cloisons transversales ont disparu. On pense qu'ils sont destinés principalement à contenir de l'air ou du gaz, qu'ils transportent aux diverses parties de la plante. Il en est qui se présentent sous la forme de tubes cylindriques, dont les parois sont marquées de points opaques, que l'on a pris pour des pores, et qui sont disposés en séries transversales (*vaisseaux ponctués*) ; d'autres ont leurs parois marquées de raies régulières, transversales et parallèles entre elles (*vaisseaux rayés ou annulaires*); d'autres enfin ont leurs parois garnies intérieurement de lames brillantes, argentées et roulées en spirales comme les fils de laiton dont se composent les élastiques des bretelles (ce sont les *trachées ou vaisseaux spiraux*). Les trachées s'observent principalement autour de la moelle dans les tiges et dans les nervures des feuilles ; on parvient à les dérouler et à les voir facilement à l'œil nu en rompant une jeune pousse de rosier ou de sureau, et en éloignant avec précaution les deux bords de la rupture. Ces lames spirales sont douées d'une grande élasticité.

3°. Le tissu fibreux : on appelle *fibres* ces filets opaques que l'on aperçoit sur la coupe longitudinale des tiges des végétaux. Chaque fibre végétale n'est point un organe simple, c'est un faisceau de vaisseaux accolés et réunis entre eux par des cellules allongées. La direction longitudinale des fibres permet de les séparer aisément dans le sens de la longueur des tiges ; c'est pour cela que ces dernières sont plus faciles à fendre en long qu'en travers. Les fibres varient dans leur degré de tenacité et de consistance, suivant le nombre et la nature des molécules qui se déposent dans les cavités de leurs vaisseaux, et finissent par les obstruer plus ou moins complètement:

Tels sont les organes élémentaires qui, en s'unissant et en se combinant de diverses manières, constituent les différens organes complexes des végétaux. Toute partie d'un végétal qui est molle, succulente et composée presque uniquement de cellules arrondies, porte le nom de *parenchyme*; cette expression s'emploie par opposition aux mots *fibres* et *nervures*, qui indiquent des parties plus ou moins rigides. Les fibres des tiges et les nervures des feuilles sont composées presque uniquement de vaisseaux et de cellules allongées. Les cellules ou les vaisseaux laissent souvent entre eux des vides de forme variable, que l'on nomme *méats intercellulaires* ou *intervasculaires*. Ces méats, en se dilatant, forment quelquefois des cavités irrégulières qui reçoivent le nom de *cavités aériennes* quand elles ne contiennent que de l'air, et celui de *réservoirs de sucs propres* quand elles contiennent un suc élaboré particulier à chaque végétal. Outre le parenchyme et les fibres qui composent la masse interne des végétaux, il faut encore distinguer l'*épiderme*, sorte de membrane mince, transparente, analogue à l'épiderme des animaux, et qui recouvre toutes les parties des plantes, au moins dans le jeune âge ; elle se compose d'une couche simple de cellules, dont la forme est variable suivant les diverses espèces. La surface de cet épiderme présente, dans toutes les parties qui sont exposées à l'air et à la lumière, des points dont la disposition et le nombre varient aussi suivant les espèces : ce sont les *stomates*. On les a pris pour des pores ou des petites ouvertures qui donnent passage à l'air, et servent ainsi à la respiration des végétaux. Les racines des plantes aériennes, les feuilles des plantes aquatiques, sont complètement dépourvues de ces stomates. La surface des végétaux exposés à l'air est souvent aussi revêtue de *poils*, qui sont des prolongemens formés par des cellules saillantes; ils aboutissent quelquefois à des *glandes*, sortes de tubercules ou d'organes vésiculeux destinés à sécréter ou à tirer du fluide nourricier commun un suc ou un liquide d'une nature particulière.

Tous les végétaux n'offrent point dans leur structure anatomique les deux parties fondamentales auxquelles on peut ramener la composition de tous les organes, savoir : les cellules et les vaisseaux; il en est qui sont entièrement formés de cellules, et qu'on nomme pour cette raison *végétaux cellulaires*, et d'autres, en très-grand nombre, qui sont composés à la fois de cellules et de vaisseaux, et que l'on nomme *végétaux vasculaires*. Nous ne nous occuperons, dans ce qui va suivre, que des végétaux vasculaires, parce que ce sont les plus parfaits des végétaux, les mieux connus et les plus importans à connaître. Quant aux végétaux cellulaires, ce que l'on sait de leur structure et de leur végétation se réduit à très-peu de choses, et nous nous bornerons à en dire quelques mots dans un appendice.

DES ORGANES COMPOSÉS DES VÉGÉTAUX VASCULAIRES.

Les organes élémentaires, dont l'anatomie végétale nous a révélé l'existence, se combinent entre eux de diverses manières pour former les parties des plantes qui à l'extérieur sont visibles et distinctes, c'est-à-dire leurs organes composés. Ces organes ne se montrent point tous à la fois dans les végétaux vasculaires; mais ils se développent successivement, et quelquefois se transforment l'un dans l'autre; il faut donc, pour avoir une idée de l'ensemble de ces organes, suivre une de ces plantes dans toutes les périodes de son accroissement, depuis l'instant où la graine dont elle provient, et qui était contenue dans le fruit d'un végétal semblable, a commencé à germer, jusqu'à l'époque où cette plante a donné des fruits mûrs, contenant de nouvelles graines.

Toute *graine* ou semence renferme sous des enveloppes un petit corps organisé qui représente en raccourci le végétal auquel elle doit donner naissance. Ce petit corps est appelé *embryon* tant qu'il reste caché dans les enveloppes; mais lorsque la graine, mise dans des circonstances convenables, vient à germer, que l'embryon se gonfle et déchire les tégumens qui le recouvrent pour tirer sa nourriture du dehors, on lui donne le nom de *plantule*. On y distingue alors deux parties principales opposées base à base, et qui s'allongent en sens inverse l'une de l'autre; l'une, inférieure, éprouvant le besoin de l'ombre et de l'humidité, et cherchant toujours à descendre et à s'enfoncer dans le sol, c'est la *radicule*, qui, par son développement, constituera la *racine*; l'autre, supérieure, cherchant l'air et la lumière, et tendant toujours à monter verticalement dans l'atmosphère, c'est la *plumule* ou le rudiment de la *tige* et de toutes les parties qui doivent végéter à l'extérieur. Le plan de jonction de la radicule et de la plumule se nomme le *collet* ou *nœud vital*. De ce collet naissent latéralement un ou plusieurs appendices, minces ou charnus, que l'on appelle *cotylédons* ou *feuilles séminales*, parce qu'ils sont les premières feuilles de la plante, et que ces feuilles étaient déjà formées et visibles dans la semence.

La racine et la tige continuent de croître et le plus ordinairement se ramifient l'une et l'autre, c'est-à-dire se divisent successivement en branches et en rameaux de plus en plus amincis; en même temps la première se couvre de *radicelles* ou filamens déliés qui par leurs extrémités absorbent les sucs de la terre; la seconde développe de nouveaux rameaux, des feuilles et des fleurs. Ces diverses productions de la tige sont d'abord renfermées, à l'état de germe, dans de petits corps arrondis et coniques nommés *bourgeons*. Les *feuilles*, qui devancent ordinairement les fleurs, sont des lames vertes qui remplissent dans l'atmosphère les mêmes fonctions que les racines dans la terre : elles absorbent ou exhalent par toute leur surface les vapeurs et les gaz propres ou devenus inutiles à la nutrition de la plante. Les *fleurs*, qui n'ont qu'une existence passagère, sont des parties complexes qui contiennent les rudimens de nouvelles graines à l'état de germes inertes, et les organes nécessaires pour *féconder* ces germes, c'est-à-dire pour leur donner une vie propre et indépendante de la plante-mère. Après la fécondation, toutes les parties de la fleur se flétrissent, à l'exception de celle qui contient les graines; celle-ci continue de s'accroître et prend alors le nom de *fruit*.

On voit par cet exposé que les organes nécessaires à la vie des plantes se réduisent à un bien petit nombre; les uns sont des *organes de nutrition*, servant à la conservation des individus (racines, tiges et feuilles); les autres sont des *organes de reproduction*, servant à la propagation des espèces (fleurs, fruits et graines). Outre ces organes essentiels, on remarque encore sur certains végétaux des organes accessoires auxquels on donne des noms particuliers, mais qui ne sont autre chose que des dégénérescences, c'est-à-dire de simples transformations des organes fondamentaux. Nous allons considérer successivement chacun de ces organes, en commençant par ceux de la nutrition; nous les étudierons d'abord d'une manière générale pour connaître ce qu'ils offrent de plus constant et ce qu'on peut regarder comme leur véritable type; puis nous examinerons comment ce type est susceptible de se modifier dans la nombreuse série des végétaux connus.

DES ORGANES DE LA NUTRITION.

I. DE LA RACINE.

La racine est cette partie inférieure du végétal qui tend toujours à descendre vers le centre de la terre, qui ne verdit jamais lorsqu'elle est exposée à l'action de l'air et de la lumière, comme le font les tiges et les feuilles, qui ne porte ni feuilles ni fleurs, et qui sert à fixer la plante au sol et à pomper sa nourriture. Nous verrons, en parlant des tiges, que leurs jeunes pousses croissent dans toute leur longueur jusqu'au moment où elles cessent de s'allonger; il n'en est pas de même des racines, elles ne s'allongent que par leurs extrémités. Quant à leur structure externe, comme elle a beaucoup d'analogie avec celle des tiges, nous n'en dirons rien pour le moment, nous réservant d'indiquer les différences qu'offrent sous ce rapport les deux organes lorsque nous aurons fait l'exposition du dernier.

Les racines sont le plus souvent souterraines ou implantées dans la terre ; et dans ce cas elles remplissent presque toujours les deux fonctions dont nous avons parlé, c'est-à-dire qu'elles servent à fixer le végétal, et en même temps à le nourrir. Mais il est des plantes qui, vivant à la surface de l'eau, ont des racines flottantes au milieu de ce liquide, et par conséquent réduites à la dernière de ces fonctions ; d'autres végètent sur les rochers et sur les vieux murs : leurs racines ne servent guère qu'à les fixer. Quelques-unes enfoncent leurs racines dans l'écorce des autres plantes, détournent à leur profit une partie des sucs destinés à nourrir ces végétaux, et vivent ainsi à leurs dépens en véritables parasites (ex. : le gui). Enfin, il est des plantes qui, outre les racines qui les terminent inférieurement, en ont d'autres que l'on peut nommer adventives et en quelque sorte aériennes, parce que, sous l'influence de certaines causes naturelles ou artificielles, elles se développent dans l'air sur les diverses parties de la tige, d'où elles sortent à travers de petits organes en forme de taches ou de points lenticulaires, que l'on a appelés *lenticelles*. Ces racines descendent en longs filets, qui finissent toujours par s'implanter dans la terre ; ce n'est que lorsqu'elles ont atteint le sol qu'elle peuvent nourrir la plante et s'accroître elles-mêmes en diamètre ; jusque là elles ne font que s'allonger par leur extrémité sans augmenter en grosseur.

En général, toute partie extérieure d'un végétal, dans laquelle les sucs sont forcés à s'arrêter par une cause quelconque, tend à pousser des racines ; et réciproquement, toute partie de racine mise à découvert tend à pousser une nouvelle tige. Il semble qu'il y ait sur toute la surface des plantes des germes latens, munis comme les embryons des graines d'une partie radiculaire ou descendante, et d'une partie montante ou aérienne, et que les sucs stagnans, qui rencontrent les germes, les nourrissent et les forcent à développer l'une ou l'autre de ces deux parties aussitôt qu'ils se trouvent dans des circonstances convenables. Si le point où il y a stagnation et abondance de sucs est entouré d'un sol humide ou abrité de l'air et de la lumière, la production nouvelle est une racine ; s'il est exposé à l'air et à la lumière, c'est une tige ou une branche. Lorsqu'on fait une ligature ou une incision transversale à une branche d'arbre, on arrête le mouvement de la sève descendante, et il se forme au-dessus d'elle un bourrelet, lequel, s'il est enveloppé de terre humide, donne naissance à des racines. Telle est la base des opérations connues dans l'art de la culture sous les noms de *marcotage* et de *bouture*.

On distingue ordinairement dans une racine trois parties : 1° une supérieure, que l'on nomme *collet*, mais qu'il n'est pas toujours facile de reconnaître : c'est, à proprement parler, la base de la racine, ou la ligne de démarcation qui la sépare de la tige ; 2° une partie moyenne, que l'on nomme *corps*, de forme et de consistance variées, quelquefois plus ou moins renflée, et se terminant par une sorte de queue ; souvent ressemblant à un tronc ou à une tige renversée, simple ou ramifiée ; 3° une partie inférieure, que l'on appelle *chevelu*, composée des *radicelles* ou dernières ramifications de la racine, sortes de fibres déliées, terminées par des spongioles ou petites bouches aspirantes. C'est seulement par les extrémités des radicelles et à l'aide de ces espèces de suçoirs, que les racines absorbent dans la terre, en sorte que le chevelu en est la partie véritablement essentielle. Les principales modifications que présente la racine tiennent aux variations qui peuvent avoir lieu dans la forme et les proportions relatives des deux dernières parties, le corps et le chevelu. On remarque que ces variations sont généralement en rapport avec la nature des terrains où croissent les racines ; et quelquefois on voit la même racine changer de forme et de consistance en plusieurs points de sa longueur, suivant les différentes veines de terrains qu'elle traverse. Le chevelu, par exemple, est d'autant plus abondant et plus développé que la plante vit dans un terrain moins sec et plus divisé. Aussi, dans les plantes aquatiques, le chevelu des racines a souvent des dimensions considérables. C'est une pareille cause qui produit l'accident connu sous le nom de *queue de renard*, et qui arrive toutes les fois qu'une racine, rencontrant une veine d'eau ou de terre fort humide, se divise en radicelles excessivement grêles et nombreuses. Les racines ont une tendance marquée à se diriger vers les veines de bonne terre, et souvent elles s'allongent considérablement pour se porter vers les lieux où la terre est plus meuble et plus substantielle ; elles montrent alors une grande force de végétation, et on les voit, pour obéir à cette tendance irrésistible, traverser des corps très-durs, percer le tuf ou des murailles, s'incliner et se relever en suivant les deux pentes d'un fossé.

Si l'on examine comparativement un grand nombre de plantes, on trouvera que la racine n'est pas proportionnée à la tige. Ainsi, tandis que des arbres très élevés, tels que les palmiers et les pins, ont des racines assez courtes, des plantes herbacées à tige basse et grêle, telles que la luzerne, ont des racines d'une force et d'une longueur considérables. Mais dans le même végétal, le développement de la racine est toujours proportionnel à celui de la tige.

Considérées quant à leur forme et à leur structure, la plupart des racines peuvent être rapportées aux quatre espèces suivantes : les pivotantes, les fibreuses, les bulbeuses et les tubéreuses.

1°. Les racines *pivotantes* sont celles dont le corps, unique à sa base et très-développé, s'enfonce perpendiculairement dans le sol, comme une sorte de pivot. Leur forme générale approche plus ou moins de celle d'un cône renversé, d'un fuseau, ou d'une toupie. Elles sont simples ou sans divisions sensibles, comme dans la rave, la carotte (fig. 1, pl. 7), ou bien elles se ramifient comme on le voit dans le frêne et le peuplier d'Italie. Elles appartiennent exclusivement aux végétaux dicotylédons, c'est-à-dire aux plantes dont les graines ont deux cotylédons, ou lèvent avec deux feuilles séminales.

2°. Les racines *fibreuses* sont celles dont le corps unique, mais peu développé à sa base, se divise en une multitude de fibres plus ou moins grêles, et dont le chevelu est ordinairement très-abondant. Telle est celle des palmiers (fig. 2, pl. 7); elles ne s'observent que dans les plantes monocotylédones, c'est-à-dire celles dont les graines n'ont qu'un seul cotylédon. On peut rapporter aux racines fibreuses les racines *fasciculées*, ainsi nommées parce qu'elles sont formées par des fibres plus ou moins renflées dans leur milieu, et sortant en faisceau d'une base commune qui se confond avec le collet de la plante (ex. : racines de renoncules).

3°. Les racines *tubéreuses* sont celles qui portent à leur partie supérieure, ou sur différens points de leur étendue, des tubercules formés de tissu cellulaire et d'un petit nombre de vaisseaux, pleins de fécule et munis d'yeux ou de bourgeons souterrains destinés à reproduire une nouvelle tige (ex. : racines des orchis, fig. 4, pl. 7). Ces tubercules régénérateurs ne sont point des racines, mais des amas de matières nutritives, qui enveloppent les rudimens de nouvelles tiges, servent à les abriter pendant l'hiver, et fournissent ensuite à leurs premiers développemens. Plusieurs de ces tubercules, qui semblent naître sur la racine, appartiennent en réalité à des branches souterraines de la tige : tel est en particulier le cas des tubercules de la pomme de terre. Ces organes accessoires sont quelquefois digités, ou divisés en portions ouvertes comme les doigts de la main; ils ne s'observent que dans les plantes vivaces, c'est-à-dire dans celles dont les racines sont persistantes, mais dont les tiges meurent et se renouvellent chaque année.

4°. Les racines *bulbeuses* sont celles qui portent à leur partie supérieure un plateau (tige très-aplatie) surmonté d'un *bulbe* ou *ognon*, sorte de bourgeon de forme ovoïde ou globuleuse, composé d'écailles ou de tuniques membraneuses appliquées les unes sur les autres, et qui ne sont que des feuilles avortées ou étiolées. Il en est de ces bulbes comme des tubercules dont nous venons de parler; ils ne constituent point la racine, qui leur est toujours inférieure. Ce sont de véritables bourgeons situés au collet de cette racine, ou sur une souche très-courte, cachée sous la terre ou à la surface; ils recèlent le germe d'une nouvelle tige. Les bulbes se forment dans une année, pour ne se développer qu'une ou plusieurs années après. Les racines bulbeuses se rencontrent dans le lis, la jacinthe, l'ail, etc. *Voyez* fig. 3, pl. 7. Ils appartiennent exclusivement, ainsi que les tubercules, avec lesquels ils ont beaucoup d'analogie, aux plantes à racines vivaces, dont les tiges sont annuelles. On distingue deux sortes de bulbes : les *bulbes écailleux*, formés d'écailles petites, libres sur les côtés, et imbriquées, c'est-à-dire se recouvrant à la manière des tuiles d'un toit (le lis); et les *bulbes à tuniques*, formées d'écailles ou de membranes d'une seule pièce, emboîtées les unes dans les autres (l'ognon ordinaire). Ces bulbes sont quelquefois multiples, c'est-à-dire que sous une même enveloppe on trouve plusieurs petits bulbes réunis, auxquels on donne le nom de *caïeux* (par ex. : dans l'ail). Chaque caïeu, et souvent même chaque écaille d'un bulbe, que l'on a détachée et mise en terre, suffit pour régénérer la plante.

Relativement à leur durée, on distingue les racines en *annuelles*, *bisannuelles* et *vivaces*. Les racines annuelles ne subsistent qu'une année : elles appartiennent à des plantes qui, dans cet espace de temps, se développent et meurent après avoir donné des graines (ex. : le blé). Les racines bisannuelles ne durent que deux ans : elles appartiennent à des plantes qui ne fleurissent et ne donnent de graines que la seconde année, après quoi elles meurent (ex. : la carotte). Les racines vivaces sont celles qui subsistent un nombre indéterminé d'années; les unes portent des tiges ligneuses qui durent autant qu'elles (les arbres). Les autres poussent tous les ans des tiges herbacées, que l'on peut appeler annuelles, puisqu'elles se développent et meurent dans le cercle d'une année; mais les racines leur survivent, et n'ont pour ainsi dire pas de fin (ex. : l'asperge, la luzerne). Ces distinctions n'ont rien d'absolu; car sous l'influence de certaines circonstances, telles que le changement de climat et les soins de la culture, une plante annuelle peut devenir bisannuelle ou vivace, et réciproquement.

Plusieurs racines paraissent excréter par leurs extrémités des sucs d'une nature particulière. Ces excrétions ont été regardées comme l'une des causes des affinités et répulsions que l'on remarque entre certaines espèces; on sait en effet qu'il est des plantes qui semblent se rechercher pour vivre en société, et qu'au contraire il en est qui manifestent une sorte d'éloignement les unes pour les autres. Il est probable que ces excrétions, en apportant des changemens dans la nature du sol, influent aussi sur la qualité des récoltes successives; et de là peut-être dérivent en partie les lois de l'*assolement*, c'est-à-dire de l'ordre dans lequel on doit faire succéder ou alterner des cultures différentes dans le même sol, pour qu'il donne les produits les plus favorables, en se conservant en bon état [1].

II. DE LA TIGE.

La tige est la partie du végétal qui croît en sens contraire de la racine, et qui, cherchant l'air et la lumière,

[1] Des plantes de nature diverse ne s'accommodent pas également bien d'une même espèce de sol. Il y a dans tout sol en culture deux choses à distinguer, la partie minérale et stérile qui en constitue le fonds, et que l'on nomme *terre végétale*, et la partie nutritive, que l'on appelle l'*humus* ou le terreau, qui est d'origine organique et par conséquent étrangère au sol proprement dit; elle provient de la décomposition des végétaux et des animaux qui ont vécu à sa surface. La terre végétale au contraire fait partie des couches minérales du globe : elle varie selon la nature des terrains qu'elle recouvre; elle est argileuse, calcaire ou sablonneuse, suivant que l'argile, le calcaire ou le sable siliceux domine dans sa composition. La terre végétale ne sert que de point d'appui aux racines, et de véhicule à l'air, à l'humidité et aux matières organiques, solubles dans l'eau, que la plante doit absorber. Son caractère essentiel est d'être perméable à ces diverses substances, et ses qualités plus ou moins bienfaisantes dépendent en grande partie de son aptitude à retenir l'eau dans de justes proportions. On parvient à modifier et à améliorer les terres végétales, soit en y introduisant des mélanges convenables de matières terreuses, que l'on nomme *amendemens*, soit en y répandant des *engrais* ou fumiers destinés à remplacer l'humus qui a été absorbé par les récoltes précédentes. Il ne faut pas confondre le rôle des engrais avec celui des amendemens; les premiers seuls donnent naissance à l'humus: les seconds en activent la formation et la dissolution dans l'eau, et en facilitent l'absorption. Les principaux amendemens sont le sable, la chaux, la marne, le plâtre, etc.

tend à s'élever verticalement, et sert de support aux feuilles, aux fleurs et aux fruits ; c'est un corps intermédiaire entre les racines et les feuilles, et chargé de conduire les sucs des unes aux autres. Il verdit à la lumière, au moins dans sa jeunesse, et s'allonge dans toute sa longueur, jusqu'à un certain terme, après lequel il ne s'accroît plus que par le développement successif de nouvelles pousses sorties d'un bourgeon, et qui se surajoutent continuellement aux précédentes. La tige existe dans toutes les plantes vasculaires; mais elle est quelquefois si peu développée, ou tellement cachée sous terre, que le végétal paraît en être dépourvu, et que les feuilles semblent naître de la racine; comme, par exemple, dans la jacinthe, où la véritable tige se réduit à un plateau souterrain. Il ne faut pas confondre avec elle la hampe ou le support qui soutient les fleurs : il ressemble à une tige, parce qu'il part du collet, mais il en diffère en ce qu'il est nu, ou sans feuilles. Les plantes dont la tige n'est pas visible ont été nommées *acaules*, c'est-à-dire sans tige. On donne maintenant le nom de *souche* ou de *rhizome* aux tiges souterraines et horizontales des plantes vivaces, qui poussent par leur partie antérieure des rameaux et des feuilles, tandis que leur partie postérieure se détruit [1].

La tige aérienne, considérée sous le rapport de sa consistance, de sa durée, et de son aspect extérieur, offre un grand nombre de modifications, dont les principales ont été désignées par des noms particuliers. On dit qu'elle est *herbacée*, lorsqu'elle est tendre, verte, et périt chaque année avant de durcir. Les plantes dont la tige est herbacée sont nommées des *herbes*. La tige est *demi-ligneuse* lorsque sa base durcit et persiste un grand nombre d'années, tandis que ses rameaux sont herbacés et périssent tous les ans (ex. : la sauge officinale). Les plantes de cette nature sont nommées des *sous-arbrisseaux*. La tige est *ligneuse* et vivace, lors-

---

[1] Ces tiges souterraines, qui ont l'apparence de racines, ont été regardées pendant long-temps comme telles, et nommées *racines progressives*.

qu'elle est d'une consistance solide, semblable à celle du bois, et qu'elle persiste après son endurcissement. Les plantes ligneuses sont appelées des *arbustes*, lorsqu'elles poussent des branches dès leur base et ne portent point de boutons; *arbrisseaux*, quand elles poussent des branches dès leur base et portent des boutons; *arbres*, quand le tige est simple et nue dans sa partie inférieure, et se ramifie seulement vers le haut. Une tige ligneuse ne diffère d'une tige herbacée que par l'augmentation annuelle du nombre de ses fibres et leur endurcissement progressif; et encore, dans une pareille tige, les jeunes pousses présentent-elles tout-à-fait l'apparence d'une tige herbacée.

La consistance de la tige peut encore varier par différentes causes tenant à sa composition et à sa structure intérieure. Ainsi, elle peut être *solide* ou *pleine*, comme dans la canne à sucre et dans le tronc de la plupart des arbres; *creuse*, lorsqu'elle forme un tube, avec une cavité longitudinale, comme dans l'ognon; *médulleuse*, ou remplie de moelle, comme dans le sureau; *spongieuse*, comme dans les joncs; *charnue* ou *succulente*, comme dans les cactus. La tige est *noueuse*, lorsqu'elle offre d'espace en espace des *nœuds*, ou des parties renflées, plus solides que le reste de la tige, comme dans le blé, le seigle, et généralement dans toutes les graminées. L'intervalle entre deux renflemens se nomme *entre-nœud*. Les tiges noueuses portent les feuilles à l'endroit des nœuds; et se rompent toujours dans les entre-nœuds. La tige est *articulée*, lorsqu'elle offre d'espace en espace des places renflées ou non renflées, où elle se rompt facilement, et sans déchirement sensible pendant la première ou la seconde année, et où elle se divise d'elle-même en articles dans sa vieillesse; par exemple les œillets.

Si l'on vient à considérer les divisions de la tige, on trouve les modifications suivantes: elle est *simple*, lorsqu'elle est sans ramifications sensibles (le lis); *rameuse*, lorsqu'elle se divise en branches et en rameaux (le lilas); *fourchue*, lorsqu'elle se divise au sommet en deux branches simples; *dichotome*, lorsqu'elle se divise en deux branches qui sont elles-mêmes plusieurs fois bifurquées (la mâche); *prolifère*, lorsque la tige ne produit de rameaux qu'à son extrémité, d'où ils partent tous d'un centre commun (le sapin). Lorsqu'on vient à couper la flèche d'une pareille tige, elle ne croît plus en hauteur.

Quant à la forme, on distingue la tige en *cylindrique* (le tilleul); *comprimée*, lorsqu'elle est aplatie sur deux côtés opposés; *triangulaire*, lorsqu'elle offre trois faces et trois angles; *quadrangulaire* ou *carrée*, quand elle a quatre angles égaux (les labiées); *sillonnée*, quand elle présente des sillons longitudinaux (la ciguë, le panais, etc.)

Si l'on considère la direction ou la situation de la tige, on dit qu'elle est *droite*, lorsqu'elle s'élève verticalement, comme tendent à le faire toutes les tiges (le pin, le sapin); *oblique*, lorsqu'elle s'élève obliquement à l'horizon (l'orme); *montante*, lorsqu'étant oblique ou horizontale à sa base, elle se relève ensuite en formant un coude (le trèfle des prés); *couchée*, lorsque, étant trop faible pour se soutenir, elle se couche sur la terre, sans y pousser de racines; *rampante*, lorsque, étant couchée, elle s'attache à la terre par des racines qu'elle pousse çà et là (le lierre terrestre); *stolonifère* ou *traçante*, lorsque du pied principal partent des rejets ou de petites tiges latérales nommées *stolons*, qui s'étendent sur la terre et s'y attachent par des racines en même temps qu'elles reproduisent de nouvelles tiges (le fraisier); *radicante*, lorsqu'elle émet, même à une grande hauteur, des racines que l'on voit descendre en terre et s'y fixer, comme dans certaines espèces étrangères, où ces racines aériennes forment des arcades naturelles d'un aspect fort extraordinaire; *sarmenteuse*, lorsque, étant longue et faible, elle grimpe ou s'entortille sur les corps voisins, et s'y soutient, soit par sa simple torsion autour de ces corps, soit au moyen d'appendices particuliers. Une tige sarmenteuse est dite *grimpante*, si elle s'élève sur les corps environnans, et s'y attache au moyen de crampons ou de suçoirs (comme le lierre), ou bien à l'aide de vrilles (comme la vigne), ou bien encore à l'aide de pattes ou vraies racines. La tige sarmenteuse est dite *volubile*, lorsqu'elle se roule en spirale autour des corps qu'elle rencontre. Les tiges volubiles sont remarquables en ce que chaque espèce fait toujours sa spirale dans le même sens. Aussi distingue-t-on celles qui s'entortillent de gauche à droite, comme le houblon, et celles qui s'entortillent en sens contraire, c'est-à-dire de droite à gauche, comme le haricot [1]. La même disposition s'observe dans des plantes qui prennent avec l'âge une consistance plus ou moins ligneuse ; telles sont celles que les voyageurs désignent par le nom commun de *lianes*, et qui s'endurcissent à un tel point, après s'être entortillées autour des arbres, qu'elles y forment de profondes impressions bordées de bourrelets épais, et qu'elles finissent quelquefois par étouffer les arbres qu'elles ont pressés dans leurs circonvolutions.

La surface des tiges est le plus ordinairement revêtue d'appendices, connus sous le nom de feuilles, et porte en outre quelquefois d'autres organes accessoires, tels que des poils, des aiguillons et des épines. Les *poils* sont des organes filamenteux, plus ou moins déliés, formés d'une ou plusieurs cellules saillantes hors du tissu végétal, et qui paraissent servir à exhaler ou à absorber des fluides dans l'atmosphère. Les *aiguillons* sont des excroissances dures et pointues, qui naissent de la partie la plus extérieure des végétaux, dont on peut les détacher avec la plus grande facilité, comme on le voit dans les rosiers : on peut les considérer comme des poils endurcis et persistans. Les *épines* sont des piquans qui naissent du tissu interne du végétal, et qui ne peuvent être séparés de la plante qui les porte sans un déchirement sensible : ce sont ou des organes avortés (rameaux, feuilles, etc.,) ou des organes persistans et qui se sont endurcis. On dit qu'une tige est *feuillée* quand elle porte des feuilles, et qu'elle est *nue* lorsqu'elle en est dépourvue. On la nomme *pubescente* quand elle est couverte de poils fins et serrés ; *velue*, quand elle est garnie de poils longs et mous ; *glabre*, lorsqu'elle est tout-à-fait sans poils. On dit des tiges qui

---

[1] Pour déterminer cette direction, on suppose qu'on est soi-même placé au centre de la spirale, et que la tige tourne autour de son propre corps.

sont armées d'épines ou d'aiguillons, qu'elles sont *épineuses* ou *aiguillonneuses*, et de celles qui sont privées de ces espèces de défenses, qu'elles sont *inermes*.

Il est plusieurs sortes de tiges qui ont reçu des noms particuliers; ainsi l'on appelle *tronc* la tige des arbres de nos forêts, comme les chênes, les pins, etc. Elle est propre aux plantes monocotylédones; elle est de forme conique, allongée, c'est-à-dire qu'elle est épaisse à sa base, et qu'elle s'amincit de plus en plus à mesure qu'elle s'élève; elle est nue inférieurement, et divisée supérieurement en branches, qui se divisent elles-mêmes en rameaux, et ceux-ci en ramuscules. Elle est formée intérieurement de fibres disposées par couches concentriques et superposées; ces couches se partagent en deux systèmes (écorce et bois), qui croissent en épaisseur par de nouvelles couches, lesquelles se développent toujours sur celle des surfaces de chacun de ces systèmes qui est en contact avec l'autre système. L'écorce, qui forme le système extérieur, est épaisse et souvent sèche et crevassée.

Le *stipe* est une tige ligneuse, droite, cylindrique, c'est-à-dire aussi grosse à son extrémité supérieure qu'à sa base; quelquefois cependant renflée au milieu, et couronnée à son sommet par un bouquet de feuilles entremêlées de fleurs. Les fibres qui la composent ne forment point de couches distinctes, mais des faisceaux plus ou moins irrégulièrement épars dans une masse de tissu cellulaire. Cette tige se ramifie très-rarement; elle n'a point, à proprement parler, d'écorce, mais seulement un épiderme plus ou moins épais formé par le desséchement et l'endurcissement de la lame la plus extérieure du tissu cellulaire.

Le *chaume* est une tige simple ou rarement ramifiée, cylindrique et munie d'espace en espace de nœuds solides, de chacun desquels part une feuille à base roulée en gaîne; les entrenœuds sont ordinairement creux dans leur intérieur. Le blé, le seigle, l'avoine et les autres graminées offrent cette sorte de tige.

Les tiges produisent des bourgeons qui contiennent les rudimens des nouvelles pousses, et qui naissent presque toujours dans l'aisselle des feuilles, c'est-à-dire dans l'angle situé au-dessus de leur point d'attache, et formé par la feuille elle-même avec la partie supérieure de la tige. Dans les arbres dicotylédons la plupart des bourgeons, en se développant et s'allongeant, se transforment en branches chargées de feuilles, et ces branches, à leur tour, donnent naissance à de nouveaux bourgeons, d'où sortent les rameaux ; ainsi se forme la partie branchue de la tige, à laquelle on donne communément le nom de *cime*. On voit que la position des branches sur le tronc est déterminée par la position des bourgeons, et celle-ci par la position des feuilles, qui est soumise à des lois constantes, comme nous le verrons bientôt. Mais la symétrie des premières est souvent dérangée par le nombre des bourgeons qui avortent. Cependant cet avortement même ayant lieu avec une sorte de régularité, il en résulte une disposition à peu près constante dans les branches des arbres de chaque espèce, et comme la direction de ces branches, déterminée uniquement par leur tendance vers la lumière, est aussi la même en général, les cimes de ces arbres doivent présenter des formes semblables : de là ce que l'on appelle le *port* dans les végétaux ligneux, ou cet aspect qu'ils offrent à la première vue et qui les fait aisément reconnaître à une assez grande distance. Dans les palmiers c'est une nature élancée, une tige en forme de colonne, portant seulement une touffe de feuilles à son sommet. Dans nos pommiers et nos poiriers ce sont des formes arrondies et ovales qui résultent d'un grand nombre de rameaux épars. Les branches des sapins sont disposées horizontalement et circulairement autour de leurs tiges ; celles du peuplier d'Italie sont redressées et serrées contre la tige, en sorte que la cime est pyramidale ; celles du saule pleureur sont éparses et pendantes, etc.

Sur le même arbre la direction des rameaux change en vertu de la cause dont nous avons parlé plus haut, savoir leur tendance marquée pour la lumière ; ainsi les rameaux inférieurs sont beaucoup plus longs et plus écartés du tronc que les supérieurs, parce qu'ils ont besoin de s'étendre et de s'étaler davantage pour jouir de l'influence de l'air et de la lumière : par la même raison la direction des rameaux change dans les arbres lorsqu'ils sont situés sur le penchant d'une colline; les branches tournées du côté du coteau se relèvent pour chercher la lumière; celles qui sont situées du côté du vallon conservent la direction ordinaire.

Il existe entre les branches et les racines d'un arbre une correspondance remarquable, et qui est telle que lorsqu'il se développe de grosses branches sur une partie de l'arbre, les racines du même côté prennent un accroissement proportionnel, et que si l'on vient à retrancher les premières, ces racines souffrent et quelquefois périssent.

STRUCTURE ET ACCROISSEMENT DES TIGES.

En parlant précédemment de la distinction du *tronc* et du *stipe* nous avons dit que ces deux espèces de tiges ligneuses, dont l'une appartient à la grande classe des dicotylédons, ou végétaux qui germent avec deux feuilles séminales, et l'autre aux monocotylédons, qui germent au contraire avec une seule feuille séminale, différaient dans leur structure interne, c'est-à-dire dans la disposition respective des fibres et du tissu cellulaire qui les composent. Il existe donc une corrélation entre la structure des graines et celle des tiges. Étudions avec plus de soin ces dernières, afin de bien connaître les différences d'organisation qui les distinguent.

1°. *Tige des dicotylédons* ou des arbres de nos climats. Cette espèce de tige (fig. 5, pl. 7) présente deux parties bien distinctes, deux systèmes différens de couches, dont l'un est placé au centre de la tige et fait la partie principale du tronc (c'est le *corps ligneux* ou le *bois*), et l'autre est placé à l'extérieur, de manière à envelopper le premier (c'est le *corps cortical* ou l'*écorce*). Chacun de ces systèmes présente lui-même deux parties distinctes et placées en sens inverse, une partie vasculaire ou fibreuse, et une partie cellulaire ou parenchymateuse; la partie cellulaire du corps ligneux en occupe le centre, où elle a la forme d'un cylindre allongé, c'est ce qu'on nomme la *moelle interne*, ou la moelle proprement dite, et la partie fibreuse, qui se compose du *bois* et de l'*aubier*, est disposée par couches autour de la moelle. Au contraire, dans l'écorce la partie cellulaire se trouve en dehors, où elle forme une sorte d'enveloppe de nature herbacée à tout le végétal, c'est ce qu'on nomme la *moelle externe* ou l'enveloppe herbacée, et la partie fibreuse, qui comprend les *couches corticales* et le *liber*, est à l'intérieur. Le corps ligneux et le corps cortical sont donc deux parties organisées en sens inverse l'une de l'autre, et qui s'accroissent pareillement en sens contraire par de nouvelles couches qui se placent toujours en dehors des anciennes pour le corps ligneux, et en dedans pour le corps cortical.

A vrai dire, chacune des couches superposées des deux systèmes est composée de deux zones, une zone fibreuse et une zone de tissu cellulaire, celle-ci étant située du côté intérieur dans le corps ligneux, et du côté extérieur dans le corps cortical. Dans le corps ligneux la couche la plus intérieure ou la plus ancienne constitue par sa zone fibreuse une sorte d'étui qui renferme la zone cellulaire sous la forme d'un cylindre central, et toutes les autres couches offrent leur tissu cellulaire sous la forme d'une zone plus ou moins étroite, qui sépare leur zone fibreuse de celle de l'année précédente. Tout ce système est en outre traversé, du centre à la circonférence, par des lames verticales, d'un tissu semblable à la moelle, qui, sur des tronçons que l'on détache d'une tige par des coupes transversales, ont l'apparence des rayons d'une roue ou des lignes horaires d'un cadran, et ont reçu le nom de *rayons* ou *prolongemens médullaires*; ils forment au contraire des lignes longitudinales très-visibles sur les bois sciés en long et polis. De même, dans le corps cortical, l'enveloppe herbacée ou la moelle externe n'est autre chose que la zone cellulaire de la couche la plus extérieure ou la plus ancienne; les autres couches ont aussi leurs zones cellulaires à l'extérieur, toujours fort étroites, et enfin tout ce second sys-

tème de couches est aussi traversé par des rayons médullaires semblables à ceux du corps ligneux, mais moins
prononcés.

Maintenant examinons successivement les diverses
parties que nous venons de reconnaître, en allant de la
circonférence vers le centre. Et d'abord, en dehors des
couches corticales, est l'enveloppe de tissu cellulaire,
que nous avons appelé la moëlle externe, et qui communique avec la moëlle interne, à l'aide des rayons médullaires de l'écorce, et de ceux du bois qui sont conti-
gus les uns aux autres. Mais la partie la plus extérieure
de cette couche, étant continuellement exposée à l'action de l'air et de la lumière, se dessèche, s'endurcit et
se transforme en une membrane mince, continue, transparente, et en apparence distincte du reste de l'écorce :
c'est ce qu'on nomme l'*épiderme*. Cette membrane enveloppe aussi toutes les autres parties du végétal, mais elle
est surtout apparente dans les jeunes tiges, dont on peut
la séparer avec plus ou moins de facilité. Comme cet
épiderme est continuellement distendu par les couches
corticales qui tendent à s'accroître, et qu'il ne jouit que
d'un certain degré d'extensibilité, il se déchire et se fendille, quand le tronc a acquis un certain volume. La
rupture s'effectue tantôt en long, tantôt en travers ; quelquefois il s'enlève de lui-même par plaques, et se régénère
avec facilité, comme on le voit dans le bouleau blanc,
où souvent il existe à la fois plusieurs lames épidermiques.
L'épiderme présente fréquemment une couleur qui ne
lui est point propre ; elle est due aux sucs étrangers dont
est pénétré le tissu cellulaire sous-jacent. Si on le lave
et le nettoie de ces sucs, il est alors transparent, et d'un
blanc-grisâtre. La couleur apparente de l'épiderme n'est
pas la même dans tous les arbres ; et dans la même plante
elle varie à raison de l'âge, de la saison et des circonstances extérieures. L'épiderme est généralement blanc
et argenté dans le bouleau, jaspé dans l'érable du Canada,
violet dans un petit nombre de végétaux, vert dans les
jeunes pousses de la plupart des plantes. L'épiderme
des tiges présente, au moins dans le jeune âge, de ces
petits points que l'on nomme des *stomates*, qui ont

été pris pour des pores corticaux, et dont la forme
et la disposition varient selon les espèces : mais on
ne les observe que sur les tiges exposées directement
à l'air et à la lumière; l'épiderme des tiges qui vivent
dans l'eau ou sous la terre, celui des racines en est complètement dépourvu. Enfin la surface de l'épiderme présente encore dans quelques végétaux de ces petites
taches allongées, que l'on a prises pour des glandes,
et que l'on nomme des *lenticelles*. L'épiderme n'est pas
indispensable à la végétation : il sert principalement dans
le jeune âge, où sa principale fonction paraît être d'a-
briter l'enveloppe cellulaire, contre la dessication et
peut-être aussi contre la gelée.

Si l'on gratte l'épiderme d'une tige, de celle du sureau par exemple, on trouve au-dessous une lame verte
de tissu cellulaire, c'est l'enveloppe herbacée ou la
moelle externe dont nous avons parlé. Elle paraît verte,
parce qu'il se développe sous l'influence de la lumière,
dans les cellules qui la composent, de petits grains de
matière verte, et elle est très-succulente surtout dans le
temps de la sève. Mais avec l'âge, ou par la dessication,
elle devient blanche comme la moelle interne, qui est de
même nature. C'est le tissu cellulaire qui, très-développé
dans le chêne-liège, fournit la matière connue sous le
nom de liége. Si on enlève ce tissu, il se régénère. Avec
l'âge il se fendille, ainsi que l'épiderme, par suite de la
distension qu'il éprouve; les couches corticales elles-
mêmes se fendent comme leur enveloppe, et c'est là ce
qui produit les gerçures de l'écorce sur les vieux troncs.
Le tissu cellulaire est très-important dans l'acte de la
végétation; en effet, c'est dans son intérieur que s'opère,
par l'action de la lumière, la décomposition de l'acide
carbonique absorbé par la plante.

Immédiatement au-dessous du tissu cellulaire sont
placées les couches corticales. Chaque année, il se développe une couche d'écorce qui naît à la surface intérieure de la couche précédente, en sorte que dans le
corps cortical les couches les plus extérieures sont les
plus vieilles, et les plus jeunes sont à l'intérieur. Celles-
ci étant encore molles et flexibles, ont reçu le nom par-

ticulier de *liber*, parce qu'elles se séparent quelquefois comme les feuillets d'un livre; les couches extérieures, lorsqu'elles ont acquis toute la dureté qu'elles peuvent avoir, portent le nom spécial de *couches corticales*. Chaque couche est composée de fibres longitudinales, qui, au lieu d'être droites et parallèles comme celles du bois, se jettent alternativement à droite et à gauche et se réunissent les unes aux autres par leurs sinuosités, de manière à former un réseau de mailles, dont la figure varie suivant les espèces. Cette disposition est surtout remarquable dans le lagetto ou *bois dentelle*, où l'on distingue parfaitement plusieurs couches superposées, qui, lorsqu'on les a déroulées, ressemblent à une sorte de dentelle assez régulière. C'est dans les mailles de ces réseaux que pénètrent les prolongemens médullaires de l'écorce, en formant des pyramides, dont la base est à l'extérieur, sur l'enveloppe cellulaire, et la pointe à la couche la plus interne et en même temps la plus nouvelle de l'écorce. Ce qui tient à ce que les mailles successives que bouchent ces prolongemens médullaires vont en s'élargissant de l'intérieur à l'extérieur, parce que les nouvelles couches, qui se placent toujours en dedans, repoussent constamment en dehors les anciennes couches, en les forçant de se dilater.

Le liber, ou la partie la plus intérieure de l'écorce, est l'organe le plus essentiel de la végétation; car, ainsi que nous le verrons plus loin, une greffe ne reprend qu'autant que son liber est en contact avec celui de l'arbre sur lequel on l'implante; et une bouture dépouillée de son liber ne peut plus s'enraciner. On peut enlever une partie de l'écorce d'un arbre sans le faire périr; mais il faut toujours laisser une ou deux lames de liber sur le bois; on écorce ainsi le liège tous les huit ans. Le liber se répare quand il a été enlevé; il faut cependant, pour que la régénération ait lieu, que la place dont on l'a détaché soit garantie du contact de l'air; aussi les agriculteurs enveloppent-ils les plaies d'un arbre avec beaucoup de soin.

Les fibres corticales sont, dans plusieurs plantes, remarquables par leur flexibilité et leur solidité, comme on le voit dans celles du chanvre, du lin, du genêt d'Espagne, etc.; aussi les emploie-t-on pour faire des cordages et des tissus. Remarquons ici que dans les plantes dicotylédones, ce sont uniquement les fibres de l'écorce qui servent à cet usage, tandis que dans les monocotylédones, où il n'y a pas de véritable écorce, ce sont toujours les nervures ou fibres des feuilles.

Au-dessous de l'écorce est le corps ligneux qui se compose de l'aubier, du cœur ou bois proprement dit et de la moelle. La moelle correspond au tissu cellulaire de l'écorce : c'est une substance spongieuse logée vers le centre dans une sorte d'étui ou de canal que lui forme la première couche ligneuse : elle se prolonge depuis le collet de la racine jusqu'au sommet de la tige. Dans les jeunes arbres et les nouvelles pousses, elle est verte et succulente comme la moelle externe; mais à mesure qu'elle est privée du contact de la lumière par l'addition de nouvelles couches ligneuses, elle change de couleur, et le plus ordinairement elle est blanche. En vieillissant, elle se déchire de diverses manières, qui sont constantes pour chaque espèce, mais c'est une erreur de croire qu'elle disparaisse complètement dans les vieux troncs. L'étui médullaire, ou la couche ligneuse qui entoure immédiatement la moelle, se compose de fibres entremêlées de trachées déroulables. Sa forme n'est pas toujours cylindrique; elle présente fréquemment des angles qui paraissent être en rapport avec la disposition des feuilles sur la tige. En dehors de l'étui médullaire, on trouve les couches ligneuses formant des zones concentriques séparées entre elles par du tissu cellulaire. Pendant la jeunesse de la tige, celles qui entourent la moelle reçoivent continuellement des molécules nutritives qui augmentent leur densité : tant que ce dépôt de molécules a lieu, elles sont encore à l'état de bois imparfait ou d'*aubier ;* elles prennent le nom de *bois* dès que l'endurcissement est complet. Les fibres qui composent toutes les couches ligneuses ne sont que des vaisseaux, du genre de ceux que l'on nomme rayés ou ponctués. Mais si leur texture est analogue, il existe entre elles des différences notables de dureté et de coloration. Ainsi les couches d'aubier placées à l'extérieur sont plus tendres et moins colorées; celles du bois placées à l'intérieur sont plus dures et ont une couleur plus foncée. Chaque couche ligneuse qui est le produit de la végétation d'une année n'est pas simple : elle est elle-même composée d'une grande quantité de feuillets qui se sont appliqués les uns sur les autres pendant le cours d'une année. La couleur du bois est sujette à de grandes variations : elle est rougeâtre dans l'if, blanche dans le platane, jaunâtre dans le cèdre du Liban, noire dans l'ébène. En général les bois sont plus colorés et plus durs sous la zone torride que dans les climats froids et tempérés. L'épaisseur des couches ligneuses est variable dans les divers arbres: ceux qui ont un tissu dur et serré offrent des couches peu épaisses, mais excessivement nombreuses (bois de buis); les arbres, au contraire, dont le bois est tendre et léger (sapins, peupliers, etc.) présentent des couches concentriques d'une grande épaisseur. Dans le même arbre, les couches ligneuses ne sont pas toutes égales entre elles : et en effet, la couche produite dans une année doit être plus ou moins épaisse, selon que cette année aura été plus ou moins favorable, et que l'arbre aura végété avec plus ou moins de vigueur. Il arrive même que les couches ligneuses ne sont pas égales en épaisseur dans toute leur circonférence, et que la moelle, au lieu d'occuper le centre de l'arbre, se trouve plus rapprochée de l'un des côtés. Cette excentricité de la moelle tient à ce que la sève, au lieu de se distribuer uniformément, s'est portée plus d'un côté que de l'autre, comme cela a toujours lieu du côté des grosses racines ou des grosses branches. Dans les forêts et les avenues les arbres croissent moins du côté intérieur que du côté extérieur, où les branches sont mieux exposées à l'action de l'air et de la lumière.

L'aubier ne diffère du bois parfait que par sa couleur plus blanche et la mollesse de son tissu. Dans les arbres qui ont peu de dureté la ligne de démarcation entre le bois et l'aubier est peu sensible; dans les bois durs, cette ligne est très-prononcée; il n'y a pas un passage graduel mais subit d'une couleur à l'autre. Ainsi dans l'ébène, le bois est d'un noir parfait, tandis que l'aubier est d'un beau blanc. Il y a des arbres qui ne paraissent être composés que d'aubier, ou qui ne présentent du bois parfait que dans un âge très-avancé. En général, les arbres de même âge qui croissent dans les lieux humides ont plus d'aubier que ceux qui sont plantés dans un terrain sec ; et plus ils sont vigoureux moins le nombre des couches d'aubier est grand, mais l'épaisseur de chacune est plus considérable. Au bout d'un certain temps, les couches d'aubier se changent en couches ligneuses ; mais on ignore combien il faut de temps pour que ce changement s'opère ; et il n'est pas constant dans les mêmes espèces. On a même remarqué que les diverses parties d'une même couche pouvaient se transformer en bois parfait à des époques différentes, suivant que leur nutrition était plus ou moins active. Aussi le tronc d'un arbre présente-t-il quelquefois plus de couches d'aubier d'un côté que de l'autre ; dans ce cas, leur épaisseur est d'autant plus grande, qu'elles sont en plus petit nombre, et là où l'aubier a plus d'épaisseur et moins de couches, le cœur au contraire a moins d'épaisseur et plus de couches.

L'aubier a beaucoup moins de solidité que le bois ; et comme il est sujet à la vermoulure, on a soin de le rejeter dans les arts, et de l'enlever des bois de construction. Lorsque les couches d'aubier sont converties en bois parfait, et qu'elles sont comme emprisonnées par les couches qui les recouvrent, elles ne s'accroissent plus ni en longueur ni en épaisseur. C'est ce qui explique comment des caractères que l'on trace sur le bois se conservent intacts, ou sans se déformer, et se retrouvent à une grande profondeur dans le corps de l'arbre, parce qu'ils ont été ensevelis sous de nouvelles couches ligneuses. Au contraire, les inscriptions faites sur l'écorce ne tardent point à être déformées par la distension qu'éprouvent les fibres corticales continuellement rejetées en dehors ; les lettres sans s'allonger deviennent graduellement plus épaisses, plus larges, plus écartées et plus superficielles, et elles finissent enfin par disparaître.

La beauté du bois dépend de la manière dont il a été

coupé, soit perpendiculairement aux prolongemens médullaires, soit dans leur sens ou obliquement. Ce sont ces prolongemens, qui dans les planches de hêtre ou de chêne, sciées obliquement, forment ces taches roussâtres qui leur donnent une apparence jaspée.

Étudions maintenant le mode d'accroissement des tiges de dicotylédones. Cet accroissement se fait en deux sens : en hauteur et en épaisseur.

Les tiges des arbres de nos climats s'accroissent en hauteur, d'abord par l'allongement des fibres mêmes qui les composent, lequel a lieu dans toute leur longueur, tant qu'elles sont jeunes et tendres; ensuite, par le nouveau jet qu'elles poussent chaque année à leur sommet, et que l'on doit considérer comme le développement d'un nouveau germe. Ce n'est guère que pendant la première année que les tiges, branches, et généralement toutes les nouvelles pousses, sont susceptibles de s'allonger par elles-mêmes; après cette époque, leurs fibres s'endurcissent et ne croissent plus du tout.

L'accroissement en grosseur se fait par la dilatation des couches déjà existantes, et surtout par l'addition de nouvelles couches qui se placent entre le corps ligneux et le corps cortical, et qui s'étendent de la racine au sommet de la tige. Chaque année, il se produit une nouvelle couche d'aubier qui se place en dehors de celle de l'année précédente, et une nouvelle couche de liber, qui se place en dedans de l'ancienne. Cette production est due au *cambium*, ou à la sève descendante, fluide qui s'organise dans les feuilles, et qui est ensuite chassé par une cause inconnue vers la base de la tige, et forcé de descendre entre le bois et l'écorce. Les nouvelles couches formées par le cambium s'offrent d'abord sous l'apparence d'une simple gelée; mais bientôt elles présentent des traces d'organisation et prennent l'aspect d'un jeune tissu.

Si nous suivons le développement de la tige d'année en année, nous verrons qu'au bout de la première elle est composée de deux couches seulement, une couche ligneuse et une couche corticale, qui entourent la moelle sous la forme d'un étui conique très-allongé. A

la seconde année, il se produit à l'extrémité de la tige
un second cône semblable qui entoure le prolongement
de la moelle, et en même temps il se forme dans la
pousse de la première année, et entre les deux couches
qui la composent, une nouvelle couche ligneuse et une
nouvelle couche corticale, qui semblent être la continuation de celles du nouveau cône, comme si ce cône,
en se prolongeant par en bas, s'était insinué et glissé
entre les couches de la partie inférieure de la tige. A la
troisième année, production d'un troisième cône qui dépasse les précédens et descend jusqu'à la base de l'arbre,
en se plaçant toujours entre le bois et l'écorce, et ainsi
de suite. On voit donc que le corps ligneux et le corps
cortical forment deux systèmes de couches qui croissent
en sens contraire, le premier de dedans en dehors, le
second de dehors en dedans. Chaque année produit une
couche d'écorce et une couche de bois. La couche d'é-
corce de l'année est la plus intérieure et la plus longue :
elle s'étend de la racine au sommet de la tige, sous la
forme d'un cône creux et entier; les couches externes
ne montent pas si haut ; elles sont d'autant plus petites
qu'elles sont plus en dehors. Elles ressemblent à des
étuis qui s'emboîteraient les uns dans les autres, et qui,
partant d'une base commune, seraient tronqués à diverses hauteurs, de manière que les plus extérieurs seraient les plus courts. Le contraire a lieu pour les couches du bois. C'est bien encore la couche la plus nouvelle
qui est la plus longue, mais elle est en même temps la
plus extérieure : toutes les autres couches qu'elle enveloppe diminuant successivement de longueur, jusqu'à la
plus interne, qui se trouve être ainsi la plus courte et
en même temps la plus ancienne. Pour se faire une idée
de ce second assemblage de couches, il faut se représenter des cornets de papier de différentes hauteurs, et
emboîtés les uns dans les autres, de manière que leurs
bases, posées sur le même plan, soient toutes concentriques.

Les branches et les rameaux n'étant que des exten-
sions de la tige, sont organisés comme elle : mais ils ne
sont composés que d'un nombre de couches égal à celui

des années écoulées depuis leur sortie des bourgeons, et ils sont enveloppés à leur base par toutes les couches dont la tige s'est revêtue depuis cette époque.

Puisqu'il se produit chaque année une nouvelle couche de bois sur les tiges et les branches, il s'ensuit que l'on peut, en comptant le nombre des couches ligneuses, connaître le nombre des années d'un arbre ou d'une branche : le nombre des zones concentriques d'une coupe transversale indique le nombre d'années écoulées depuis la formation du tronçon détaché de l'arbre; mais à cause de l'inégale longueur des couches, il faut, pour avoir l'âge total d'un arbre, le couper vers le collet de la racine; si l'on coupait plus haut, ou sur une branche, on aurait seulement l'âge de la partie de la tige supérieure à la section; ou l'âge de la branche.

2°. *Tige des monocotylédons.* Cette espèce de tige a pour caractère de ne point être composée de deux corps qui croissent en sens inverse l'un de l'autre, de ne présenter ni écorce ni couches concentriques distinctes, ni canal, ni prolongemens médullaires, mais bien une masse composée de fibres ligneuses, éparses au milieu d'une tissu cellulaire qui les unit les unes aux autres; enfin, d'avoir les rangées de fibres les plus anciennes et les plus dures à la circonférence, les plus nouvelles et les plus tendres au centre. Examinons comment se fait l'accroissement d'une tige de palmier.

Dès qu'une graine de palmier a commencé à germer, il se développe un certain nombre de feuilles, qui forment une première rangée circulaire, et qui sont liées au collet de la racine par une couche de fibres; à la seconde année, il naît au dedans de cette première rangée une seconde rangée semblable, qui est liée à la racine par une nouvelle couche de fibres placée à l'intérieur de la précédente. Cette couche tend à distendre et à rejeter en dehors la première couche. Il en est de même de toutes les couches suivantes, qui successivement viennent refouler et tasser les fibres des couches extérieures, jusqu'à ce que celles-ci, ayant acquis par l'effet de l'âge la dureté du bois parfait, résistent pleinement à la pression des fibres de l'intérieur. Alors tout accroissement en diamètre cesse dans l'anneau solide formé par la réunion de toutes les fibres, et qui devient la base du stipe.

La tige ayant atteint toute sa grosseur, elle ne peut plus que s'accroître en hauteur par des anneaux semblables, qui s'ajoutent successivement à la suite les uns des autres, et que produisent les bourgeons qui se développent annuellement à l'extrémité de la tige. Cet accroissement se fait uniformément, parce qu'il sort toujours des bourgeons le même nombre de feuilles, et que le tassement des fibres et la force de résistance restent les mêmes. L'uniformité dans l'épaisseur du stipe suppose toutefois que l'arbre croît toujours dans un bon terrain, et que par conséquent les fibres se développent toujours également. Si on le transplantait d'un bon terrain dans un mauvais, sa végétation serait moins vigoureuse, et les anneaux formés par les nouvelles feuilles ayant moins de largeur, il se produirait dans le stipe un rétrécissement. Si ensuite on reportait le même palmier dans une meilleure terre, la partie supérieure du stipe se renflerait d'une manière sensible. Ces renflemens et rétrécissemens accidentels n'ont pas lieu dans les tiges dicotylédones, parce que les couches successives peuvent bien diminuer d'épaisseur, par suite d'une nourriture moins abondante, mais elles le font également dans toute leur étendue, depuis le sommet jusqu'au collet de la racine.

De même que l'on parvient à connaître l'âge d'un arbre dicotylédon en comptant sur une coupe transversale du tronc les couches intérieures, de même on peut juger de l'âge d'un palmier par les anneaux qui sont souvent marqués à la superficie du stipe, et qui sont les débris des cicatrices circulaires que produisent les feuilles par leur chute annuelle. Mais ces cicatrices s'effacent à la longue, et le stipe de beaucoup de palmiers devient très-lisse en vieillissant.

Si l'on compare maintenant la tige des monocotylédones à celle des dicotylédones, on voit que dans la première les fibres les plus âgées, et par conséquent les plus dures, sont à la circonférence, que c'est là qu'est le véritable bois, tandis que les fibres intérieures étant les plus jeunes et les plus molles, constituent une sorte d'aubier central : la disposition de ces parties d'inégale consistance est donc inverse de ce qu'elle est dans les troncs des dicotylédones [1].

Toutes les tiges des monocotylédones se rapprochent par leur organisation de celle des palmiers ; mais dans la plupart des familles de plantes on trouve des différences plus ou moins sensibles, qui sont en rapport avec le développement et les modifications des organes extérieurs. Dans les fougères en arbres, les fibres extérieures se réunissent en forme de plaques qui se recourbent en dehors ; lorsqu'on coupe leurs tiges en travers, on y observe des aréoles ou des lignes sinueuses, brunâtres, provenant aussi des filets qui se réunissent dans l'intérieur du stipe. La tige des roseaux, des bambous, ne diffère de celle d'un palmier que parce qu'elle est creuse vers le centre. Les tiges en gaîne, qu'on observe dans les bananiers, ne sont pas de véritables tiges, mais des bulbes très-allongés; elles ne sont composées que par les gaînes des feuilles, qui s'enveloppent l'une l'autre étroitement, comme des cornets de papier, et qui se déboîtent successivement. Mais ici, comme dans les palmiers, les feuilles les plus anciennes sont extérieures, et les nouvelles partent toujours du centre. Le chaume des graminées est aussi composé, comme la tige des bananiers, par les bases des feuilles engaînantes, étroitement serrées l'une contre l'autre ; la différence est qu'il se forme un nœud à l'endroit où se fait la déviation des fibres, qui donnent naissance à chaque feuille. Les entrenœuds ou articles, qui offrent presque toujours une grande lacune centrale, semblent sortir les uns des autres, à la façon des tubes d'une lunette d'approche.

[1] Puisque les nouvelles fibres se développent toujours vers le centre de la tige dans les végétaux monocotylédonés, et vers le bord de la tige dans les dicotylédonés, il s'ensuit que les premiers s'accroissent principalement à l'intérieur, et les seconds à l'extérieur : de là les noms d'*endogènes* et d'*exogènes*, par lesquels on désigne souvent les végétaux de ces deux grandes classes

Maintenant que nous connaissons la structure des diverses espèces de tiges, il nous sera facile de concevoir celle des racines ; car elles sont généralement organisées comme les tiges qui leur correspondent. Ainsi, dans les arbres dicotylédons, la coupe transversale de la racine offre des zones concentriques de bois, disposées circulairement et emboîtées les unes dans les autres. La seule différence que l'on ait cru reconnaître, c'est qu'elle n'offre point de canal médullaire, au moins dans l'âge adulte. Dans les arbres monocotylédons, la racine n'a point de pivot faisant suite à la tige : elle se compose d'un grand nombre de fibres qui sortent en faisceau du collet par divers points d'origine. La racine et la tige d'une plante quelconque forment deux corps coniques ou cylindriques, appliqués l'un contre l'autre par leurs bases, et croissant par leurs sommets ; ces deux corps, quand ils se ramifient, le font en sens inverse l'un de l'autre : la tige se divise de bas en haut, et la racine de haut en bas. Ils ont encore d'autres différences qui peuvent aider à les distinguer. Ainsi, les pousses des tiges croissent dans toute leur longueur jusqu'au moment où elles cessent absolument de s'allonger ; les racines ne s'allongent au contraire que par leurs extrémités. L'épiderme des tiges est muni de stomates ; celui des racines en est dépourvu, etc.

Nous avons dit qu'on donnait en général le nom de *bourgeons* aux germes ou rudimens visibles, mais non développés, de toutes les parties des plantes qui naissent sur la tige, telles que les branches, les feuilles et les fleurs. Par son allongement, un bourgeon devient une *jeune pousse;* on nomme ainsi toute branche ou production de l'année, qui n'a point encore acquis toute sa longueur. Un bourgeon peut être considéré comme le germe d'un nouvel individu, qui naît greffé sur la plante-mère, et qui doit se développer en tirant d'elle sa nourriture. Sous ce rapport, les bourgeons sont analogues aux embryons contenus dans l'intérieur des graines, qui, par l'acte de la germination, poussent une jeune tige tout-à-fait comparable à la branche que produit l'évolution d'un bourgeon. Aussi leur a-t-on appliqué le nom d'*embryons fixes*, par opposition à celui d'*embryons libres*, donné à ceux que renferment les graines détachées d'un fruit, avec la provision de nourriture nécessaire à leurs premiers développemens. Il est aussi des embryons fixes, ou des bourgeons, qui peuvent se séparer de la plante-mère, parce qu'ils sont munis d'un tubercule ou magasin de nourriture ; mis en terre, ils poussent des racines et forment des individus distincts. Quelquefois, mais plus rarement, il se développe sur les tiges de très-petits tubercules ou des germes presque sans provision quelconque, qui se détachent d'eux-mêmes de la plante qui leur a donné naissance, et qui sont susceptibles de produire de nouveaux individus, quand on les sème, comme le font de véritables graines. Cette espèce particulière de bourgeon porte le nom de *bulbille* ; elle a, comme l'on voit, sous le rapport de la fonction à laquelle elle est destinée, la plus grande analogie avec la graine ; mais elle en diffère en ce que le germe qu'elle contient n'a pas besoin, pour se développer, d'une opération particulière nommée *fécondation*, et qui est indispensablement nécessaire au germe d'une graine.

Les bourgeons se développent presque toujours ou à l'extrémité des branches ou dans l'aisselle des feuilles ; ils commencent à poindre en été à l'époque de la grande végétation ; ils portent alors le nom d'*yeux*. Ils grossissent un peu en automne et deviennent des *boutons* : ils restent stationnaires pendant l'hiver ; mais au retour du printemps ils se gonflent, et c'est alors qu'on les appelle proprement des *bourgeons* ; ils sont de différentes formes, ovoïdes, coniques, arrondis, etc. Souvent ils sont protégés dans leur jeunesse par des écailles, qui ne sont autre chose, pour la plupart, que des feuilles avortées : c'est ce qui a lieu dans tous les arbres des pays froids et tempérés ; on les nomme alors des *bourgeons écailleux*. Mais lorsque leurs jeunes pousses naissent dans des circonstances où elles sont à l'abri des intempéries de l'air, leurs premières feuilles ne se changent point en écailles, et les bourgeons complètement nus s'allongent et se développent dans toutes leurs parties ; c'est ce qui arrive ordinairement aux arbres des pays chauds, à ceux que nous abritons dans nos serres, et aux herbes annuelles qui poussent leurs branches pendant l'été. Le développement des bourgeons d'une branche suit une marche inverse de celle que l'on observe ordinairement dans le développement des fleurs; ce sont les bourgeons supérieurs de la branche qui se développent les premiers, et le développement se continue de haut en bas.

On distingue trois sortes de bourgeons, selon les pousses diverses auxquelles ils doivent donner naissance: 1° *les bourgeons à feuilles ou à bois*, qui ne poussent que des branches chargées de feuilles; ils sont allongés et pointus; 2° les *bourgeons à fleurs*, qui ne produisent que des fleurs, et que l'on désigne communément par le nom de boutons : ils sont courts et arrondis; 3° les *bourgeons mixtes*, qui donnent à la fois des fleurs et des feuilles et dont la forme tient le milieu entre celles des deux classes précédentes. Les bourgeons radicaux ou qui naissent du collet de la racine ont reçu des dénominations particulières; ceux des plantes vivaces, qui sont placés à fleur de terre, portent le nom de *turions* (ex. : celui de l'asperge, dont on mange la jeune pousse), et ceux qui sont souterrains et formés d'écailles imbriquées, portent le nom de *bulbes* (ex. : les ognons des liliacées.)

III. DES FEUILLES.

La tige est munie latéralement d'appendices membraneux que l'on nomme *feuilles*, et qui servent à absorber ou à exhaler les vapeurs propres ou devenues inutiles à la nutrition du végétal. Ce sont des lames planes, horizontales et de couleur verte, formées par l'épanouissement de faisceaux de fibres entremêlées de tissu cellulaire, lesquels semblent se détacher ou naître çà et là de la tige afin d'en multiplier la surface. Tant que les fibres restent serrées les unes contre les autres sans se désunir, elles constituent ce support cylindrique plus ou moins grêle et allongé qu'on nomme vulgairement la *queue* de la feuille, et que les botanistes nomment *pétiole;* mais lorsqu'elles s'épanouissent et s'étalent sur un même plan en se subdivisant successivement, de manière que l'extrémité de chacune des fibres se trouve isolée et que leurs intervalles soient remplis plus ou moins complètement par du tissu cellulaire pur, elles forment alors ce que l'on appelle le *limbe* de la feuille. On distingue donc ordinairement dans une feuille un pétiole et un limbe ; et dans le limbe on distingue les fibres ramifiées, qu'on nomme *nervures*, et qui en sont pour ainsi dire le squelette, le tissu cellulaire interposé, qui est tendre et verdâtre et qu'on nomme *parenchyme*, et enfin un épiderme plus ou moins muni de stomates, qui revêt les deux faces du limbe et qui provient, comme celui de la tige, du desséchement des cellules les plus extérieures. Les deux surfaces de la feuille ont une structure, une apparence et des fonctions différentes ; la surface supérieure est ordinairement plus lisse, plus ferme, plus vernissée et offre moins de stomates ; l'inférieure est au contraire plus matte, d'une couleur moins foncée, et souvent elle est couverte de poils ou de duvet. La destination de ces deux surfaces est tellement distincte et prononcée, que si on les retourne elles reprennent d'elles-mêmes leur position naturelle.

Un pétiole n'étant qu'un faisceau de fibres non encore désunies, et le limbe n'étant que l'épanouissement de ce même faisceau, on voit que ce sont deux parties d'un même organe, qui diffèrent seulement dans leur développement, et l'on doit s'attendre à ce que l'une de ces parties puisse dans certains cas se transformer dans l'autre ; aussi arrive-t-il quelquefois que les fibres, qui forment ou devaient former le pétiole, au lieu de se réunir dès leur origine en un faisceau serré, naissent les unes à côté des autres en une série transversale qui occupe tout ou partie de la circonférence de la branche. La base du pétiole est alors plane, et si elle s'étend transversalement autour de la tige, on dit que la feuille est *embrassante* ; si de plus elle se prolonge par en bas en formant une gaîne qui entoure la tige dans une partie de sa longueur, on dit alors que la feuille est *engaînante*. Lorsqu'une feuille étant embrassante, ses deux extrémités latérales se soudent, de manière que le limbe semble être traversé par la tige, comme on le voit fig. 5, pl. 8, la feuille est dite *perfoliée*. Il arrive quelquefois que deux feuilles, placées l'une vis-à-vis de l'autre, se soudent ensemble par leur base, de manière à simuler encore un seul limbe traversé par la tige; on dit alors que ces feuilles sont *connées* ou *soudées par leur base*; telles sont celles du chèvrefeuille (fig. 4, pl. 8). On conçoit que le pétiole puisse manquer totalement, ou, en d'autres termes, que le faisceau de fibres se désunisse dès sa base; dans ce cas la feuille se réduit à un limbe appliqué immédiatement sur la tige, ce que l'on exprime en disant qu'elle est *sessile*.

Une feuille sessile ou pétiolée peut être unie de deux manières différentes avec la tige ou la branche qui la supporte. Tantôt le parenchyme ou le tissu cellulaire de la feuille est continu avec celui de la tige, et tantôt il en est séparé; dans ce dernier cas la feuille ne fait pas immédiatement corps avec la tige par toute sa base, mais y est fixée par une sorte de rétrécissement où les fibres se réunissent en un seul filet, et où il y a interruption de tissu cellulaire; on nomme ce rétrécissement *articulation*, et l'on dit que la feuille est *articulée*. Les feuilles articulées sont en même temps *caduques*, c'est-à-dire qu'elles tombent de très-bonne heure et d'elles-mêmes, indépendamment de la branche qui les supporte; elles exécutent des mouvemens très-sensibles et prennent pendant la nuit une position différente de celle qu'elles ont pendant le jour, phénomène que l'on a désigné sous le nom de *sommeil des feuilles*. Les feuilles articulées sont presque toujours pétiolées, et elles ne se trouvent que parmi les dicotylédones. Dans l'autre cas où l'adhérence avec la tige a lieu avec continuité de tissu cellulaire, la feuille ne peut se séparer sans déchirure; elle n'exécute plus ces mouvemens dont nous avons parlé, et elle ne tombe qu'avec le rameau ou la tige qui la porte.

La plupart des feuilles sont vertes; mais il en est qui sont d'un vert particulier, semblable au vert de mer: on dit qu'elles sont *glauques*; d'autres enfin, mais plus rarement, sont d'une autre couleur que le vert: on dit alors qu'elle sont *colorées*; on exprime par là qu'elles ont une autre coloration que celle qui est propre aux feuilles.

Toutes les différences que présentent les feuilles tiennent aux dispositions diverses qu'affectent les nervures de leurs limbes, et à la manière dont le parenchyme se développe dans leurs intervalles. Les dispositions des nervures du limbe se rapportent aux suivantes. Dans les monocotylédones les nervures du limbe sont *simples* et *courbes*, c'est-à-dire qu'elles partent toutes de la base de la feuille, en formant à cette base une courbure plus ou moins prolongée, et se dirigent ensuite vers le sommet en traversant le limbe dans toute sa longueur, sans se ramifier, étant ordinairement droites et parallèles entre elles dans la plus grande partie de leur cours ; aussi les feuilles de monocotylédones sont-elles faciles à déchirer dans le sens longitudinal. Ces nervures simples sont tantôt convergentes et tantôt divergentes au sommet. Dans les dicotylédones les nervures sont *rameuses* et *anguleuses*, c'est-à-dire qu'elles partent de la base en s'écartant sous des angles plus ou moins aigus, et sont le plus souvent très-ramifiées et anastomosées entre elles ; aussi les feuilles de cette classe se laissent-elles déchiqueter plutôt que de se déchirer longitudinalement comme celles des monocotylédones. Tantôt ces feuilles sont *à nervures pennées* (ou *penninerves*), c'est-à-dire que la base émet une nervure principale, longitudinale, que l'on appelle *côte*, laquelle émet à son tour, de droite et de gauche, des nervures secondaires disposées latéralement comme les barbes d'une plume (par ex. les feuilles de tilleul) ; tantôt les feuilles de dicotylédones sont *à nervures palmées ou digitées* (*palminerves*), c'est-à-dire que la base du limbe émet un certain nombre de nervures principales qui divergent comme les doigts de la main lorsqu'elle est ouverte et étendue (par ex. les feuilles de vigne.) Chacune de ces nervures principales émet à son tour de petites *veines* ou nervures latérales, disposées comme celles des feuilles à nervures pennées, en sorte qu'une feuille palminerve peut être considérée comme étant penninerve dans les différentes portions de son limbe, ou comme étant formée d'autant de folioles penninerves soudées par la base, qu'elle a de nervures principales.

Étudions maintenant les diverses formes de découpure des feuilles qui tiennent au développement plus ou moins grand du tissu cellulaire dans les intervalles des nervures. Ce tissu tend toujours à combler ces intervalles : et lorsque cela a lieu, la feuille ne présentant aucune découpure sur ses bords, est dite *entière* (fig. 1, pl. 8). Mais il peut arriver que les nervures divergent trop, relativement à la disposition qu'a le tissu cellulaire à s'accroître, pour que ce tissu puisse occuper tout l'intervalle qui les sépare. Alors il remplit seulement une partie de l'angle qu'elles forment entre elles, et il en résulte une découpure ou échancrure plus ou moins profonde. Lorsque les dernières ramifications des nervures sont seules séparées par de très-petits intervalles vides, le contour du limbe est alors marqué de *dents*, et l'on a une feuille *dentée* (fig. 2). Quand les découpures ont lieu entre les nervures principales d'une feuille palminerve ou bien entre les nervures secondaires et latérales d'une feuille penninerve, et qu'elles s'arrêtent à peu près au milieu, au lieu de se prolonger jusqu'à la base ou jusqu'à la côte, on donne le nom de *divisions* aux parties proéminentes de la feuille et l'on dit de celle-ci qu'elle est *divisée*. Enfin, quand les intervalles vides atteignent la base ou la côte moyenne de la feuille, les parties proéminentes prennent le nom de *lobes*, et la feuille est *lobée* (fig. 6). On voit qu'il y a un passage insensible des feuilles lobées aux feuilles entières, et que toutes les feuilles dont nous venons de parler, en y comprenant les feuilles entières, pourraient être toutes considérées comme composées de plusieurs lobes ou limbes partiels, qui se seraient soudés par leurs bords d'une manière plus ou moins complète.

Dans toutes les feuilles que nous venons d'étudier, même dans celles qui sont le plus profondément divisées, les différentes parties sont continues par leur parenchyme, et l'on ne peut en isoler une sans déchirer les autres : chacune de ces feuilles ne forme donc qu'un seul tout ; c'est une feuille *simple* (voyez pl. 8, fig. 1, 2, 3, 4, 5, 6). Mais il peut se faire que les différens.

lobes ou limbes partiels n'adhèrent au pétiole ou à ses
principales ramifications, que par des articulations, c'est-
à-dire des points où le tissu cellulaire vient à manquer;
alors la feuille se compose de plusieurs *folioles*, ou d'articles distincts, qui sont séparables sans déchirement :
c'est une feuille *composée* (voyez fig. 7, 8, 9). Ces folioles
sont, ou immédiatement attachées au pétiole commun
par la base de leur nervure médiane, et alors elles sont
sessiles, ou bien elles peuvent être portées sur un petit
pétiole particulier qui porte le nom de *pétiolule*. Il y a
encore la plus grande analogie entre les feuilles simples
et les feuilles composées : ainsi une feuille simple à plusieurs lobes, comme celle qui est représentée fig. 6, pl. 8,
simule au premier abord une feuille composée, du genre
de celle qui est représentée fig. 7. La différence n'existe
souvent que dans la présence ou l'absence des articulations qui ne sont pas toujours très-faciles à reconnaître.
On pourrait même dire que les feuilles appelées simples
ne sont que des feuilles composées, dont les folioles seraient soudées entre elles en un limbe unique. D'après
ces analogies, il est clair que les feuilles composées doivent offrir, lorsqu'on cherche à les classer, des divisions
correspondantes à celles que donnent les feuilles simples,
rangées d'après la disposition des nervures; aussi distingue-t-on deux espèces principales de feuilles composées : celles dont les folioles naissent en divergeant du
sommet du pétiole commun, comme les nervures des
feuilles palminerves; on les nomme à cause de cela
feuilles palmées ou digitées (fig. 7); et celles dont les
folioles naissent sur les parties latérales du pétiole commun, comme les nervures des feuilles penninerves, on
les nomme *feuilles pennées ou ailées* (fig. 8). Une feuille
de cette sorte est dite *pennée avec impaire*, quand l'extrémité du pétiole porte une foliole solitaire (fig. 8), et
pennée sans impaire, lorsque l'extrémité du pétiole ne
porte point de foliole (fig. 9). Enfin, lorsque les folioles
elles-mêmes sont composées de plusieurs pièces articulées, la feuille est *surcomposée*. On voit fig. 9 une feuille
qui est deux fois pennée, c'est-à-dire que les pétioles partiels sont distribués le long du pétiole commun, d'après

le système des feuilles pennées, et que chacun d'eux porte des folioles disposées d'après le même système.

Nous connaissons maintenant les causes de ces modifications de forme si nombreuses que les botanistes ont reconnues dans les feuilles, et qu'ils ont exprimées par des termes particuliers ; elles tiennent au nombre, à la disposition et à la grandeur relative de leurs nervures, combinées avec les diverses sortes de découpure de leur limbe. Nous ne nous arrêterons pas à donner ici une énumération de ces modifications des feuilles ; mais nous passerons à l'étude d'un caractère d'une plus grande valeur, celui de la disposition des feuilles sur la tige. La nature a varié d'une infinité de manières les formes et les divisions des organes, mais elle a réglé leurs positions relatives d'après un petit nombre de lois, qu'on pourrait appeler les lois de la symétrie organique[1], et dont l'étude est de la plus haute importance.

Les feuilles naissent toujours sur la tige dans un ordre déterminé ; et lorsque aucune cause n'a dérangé leur tendance vers cet ordre régulier, on les trouve toujours disposées d'après deux types différens dont chacun est susceptible de modifications ; tantôt, en effet, elles sont disposées sur la tige *en spirale*, c'est-à-dire le long d'une ligne qui tourne autour de la tige à mesure qu'elle s'élève, chaque spire ou tour de la spirale pouvant offrir un nombre de feuilles plus ou moins considérable, mais constant dans chaque espèce de plante ; et tantôt elles sont disposées en *verticilles*, c'est-à-dire circulairement ou en anneaux horizontaux autour de la tige, chaque verticille pouvant se composer pareillement d'un nombre plus ou moins grand de feuilles. Le moindre terme d'une spire est d'être réduite à deux pièces. Les spires se succèdent alors de manière que leurs pièces composantes sont placées alternativement à droite et à gauche de la tige, la première étant recouverte par la troisième, la

---

[1] Elles correspondent, dans les règnes organiques, à ces lois de symétrie que nous avons vu régler, dans le règne minéral, les positions des facettes secondaires autour des formes primitives des cristaux.

seconde par la quatrième, etc. On dit dans ce cas que les feuilles sont *alternes* (ex. : l'orme, le tilleul). On a étendu ce nom aux feuilles qui forment autour de la tige des spires de cinq en cinq (comme le poirier, le peuplier), de sept en sept, etc. La spirale est quelquefois double, triple, etc. ; tantôt elle va de gauche à droite, et tantôt de droite à gauche. Le moindre terme d'un verticille est d'être composé de deux feuilles placées l'une vis-à-vis de l'autre : on dit alors que les feuilles sont *opposées* (ex. : le lilas, les œillets, le romarin et généralement toutes les labiées). Les feuilles opposées le sont presque constamment en croix, c'est-à-dire que les paires de feuilles superposées se croisent de manière à former des angles droits. On distingue ensuite parmi les feuilles verticillées celles qui sont *ternées* ou à trois feuilles par anneau (le laurier rose); *quaternées*, ou à quatre feuilles, et ainsi de suite. Quelle que soit la situation des feuilles le long des tiges et des branches, elle tend toujours à placer chaque feuille de manière qu'elle soit le moins possible recouverte par les feuilles supérieures, de sorte qu'elle puisse jouir de l'air et de la lumière.

Les premières feuilles que l'on observe à la naissance d'une plante vasculaire, et qu'on nomme *cotylédons*, sont disposées d'après l'un ou l'autre des deux systèmes dont nous venons de parler, le plus ordinairement réduits à leurs moindres termes, c'est-à-dire qu'elles sont alternes ou verticillées. Dans le premier cas, la feuille inférieure, solitaire et mieux favorisée dans son développement, reçoit seule le nom de cotylédon; et dans le second cas, les deux premières feuilles opposées, également favorisées par leur position, prennent un développement égal et reçoivent ensemble le nom de cotylédons. De là la distinction des végétaux vasculaires en deux grandes classes : les *monocotylédons*, c'est-à-dire ceux dont la graine est à un seul cotylédon (ou plus généralement, à plusieurs cotylédons alternes), et les *dicotylédons*, c'est-à-dire ceux dont la graine est à deux cotylédons (ou plus généralement, à plusieurs cotylédons verticillés).

On donne le nom de *feuilles séminales* aux premières

feuilles qui sortent de terre au moment de la germina-tion, et qui ne sont autre chose que les cotylédons étendus; après celles-ci, il se développe un nombre in-défini de systèmes de feuilles, qui occupent la longueur de la tige. Les inférieures qui naissent immédiatement après les séminales, et qui leur ressemblent souvent par la position, la forme ou la grandeur, sont les feuilles dites *primordiales*; les suivantes sont dites *caulinaires* ou *raméales*, selon qu'elles naissent sur la tige ou le long des rameaux. Le nombre des spires ou verticilles successifs est très-variable. Enfin, tôt ou tard, ces spires ou ces verticilles se combinent en petit nombre et se métamorphosent plus ou moins pour donner naissance à une fleur[1]. Les feuilles qui avoisinent les fleurs, et qui diffèrent ordinairement des autres par leur couleur et leur forme, ont reçu les noms de *feuilles florales* ou de *bractées*. Ces organes foliacés qui servent à protéger les fleurs, se rapprochent souvent et se soudent plus ou moins ensemble, de manière à former autour de la fleur une sorte de collerette, à laquelle on donne le nom gé-néral d'*involucre*. Quelques involucres ont reçu des noms particuliers, tels que ceux de *cupule*, de *spathe*, de *glume*, etc. Nous les définirons à mesure qu'ils se pré-senteront dans le discours.

On donne le nom de *stipules* à de petits organes de nature foliacée, qu'on trouve à la base et sur les côtés des véritables feuilles dans plusieurs dicotylédones; leur usage paraît être de protéger la feuille pendant son dé-veloppement, et de garantir le bouton placé à l'aisselle. Elles sont ou *persistantes* (c'est-à-dire qu'elles durent autant que la feuille elle-même), ou *caduques*; dans ce dernier cas, elles laissent toujours sur la tige, à la place qu'elles occupaient, une petite cicatrice qui atteste qu'elles ont existé.

Les feuilles existent dans le bourgeon, munies de toutes leurs nervures, mais non développées; elles y sont pla-cées de manière à y occuper le moins d'espace possible. Elles sont tantôt plissées suivant leur longueur; tantôt

---

[1] Suivant M. de Candolle.

pliées dans le même sens, ou bien de haut en bas ; tantôt roulées sur elles-mêmes de différentes manières.

L'accroissement des feuilles suit des lois différentes selon la disposition des nervures. Dans les feuilles à nervures simples, ou dans la plupart des monocotylédones, la largeur est déterminée par le nombre et la distance des nervures, et elle ne s'augmente presque plus après la naissance de la feuille, qui ne croît qu'en longueur et par sa base seulement. Dans les feuilles à nervures rameuses, c'est-à-dire dans celles de toutes les dicotylédones, l'accroissement se fait à la fois en longueur et en largeur ; les nervures tendent à s'allonger, le tissu cellulaire interposé tend aussi à se développer de son côté, et c'est la diversité d'accroissement de ces deux organes qui donne lieu aux découpures ou décompositions apparentes du limbe.

La durée des feuilles est loin d'être la même dans les différens végétaux. Dans les plantes vivaces, les feuilles meurent toujours avant le rameau qui les porte. Mais, ainsi que nous l'avons vu, les unes sont persistantes, c'est-à-dire restent sur la tige jusqu'à ce qu'elles soient détruites par parcelles ; les autres sont caduques ou tombent d'elles-mêmes après leur mort. Parmi les feuilles caduques, on distingue : 1° celles qui meurent tous les ans avant que les nouvelles feuilles qui doivent les remplacer soient sorties de leurs bourgeons ; ce sont les *feuilles annuelles*, et on dit des arbres qui les portent, qu'ils se dépouillent pendant l'hiver ; 2° celles qui ne meurent qu'après que les nouvelles feuilles sont sorties des bourgeons ; c'est ce qui arrive aux feuilles des plantes grasses, et des arbres *toujours verts*.

DES ORGANES DE REPRODUCTION DES VÉGÉTAUX VASCULAIRES.

La naissance des végétaux comme celle des animaux est un mystère impénétrable. En cherchant à remonter à leur origine, on trouve seulement qu'ils ont tous fait partie d'un corps de même espèce qu'eux, à l'état de *germe*, c'est-à-dire d'un corps imperceptible, déjà organisé, et qui n'a plus qu'à se développer, après s'être séparé de la plante-mère, pour reproduire un végétal tout semblable. La formation de ces germes nous est complètement cachée. Tantôt ils sont disposés de manière à se développer pour ainsi dire d'eux-mêmes ou par le seul effet de la nutrition ; comme cela a lieu pour le développement des branches, des boutures, des tubercules : car tous ces corps peuvent être considérés comme provenant de germes plus ou moins latens; tantôt leur développement exige une opération préliminaire qu'on nomme *fécondation*, et qui tend à donner une vie propre à ces germes, auparavant inertes. Dans ce cas, il existe des organes particuliers, destinés les uns à produire les germes, et les autres à les féconder ; ce sont les organes qu'on nomme *fructificateurs* ; savoir les pistils et les étamines; la combinaison de ces nouveaux organes avec d'autres organes accessoires, de nature foliacée, qui les entourent et les protègent, constitue un appareil organique ou un organe complexe, auquel on donne le nom de *fleur*.

Avant d'en venir à l'étude de la fleur considérée en elle-même, nous parlerons d'abord de ce que l'on nomme l'*inflorescence*, ou la disposition générale des fleurs sur la tige. La fleur peut être fixée de diverses manières aux branches ou aux rameaux qui la supportent. Tantôt elle est posée immédiatement sur la tige, c'est-à-dire *sessile*; tantôt elle est *pédonculée*, c'est-à-dire portée sur un rameau particulier, qui ne sert qu'à cet usage, et qui diffère plus ou moins des rameaux ordinaires. Ce support particulier, nommé vulgairement *queue de la fleur*, est désigné en botanique sous le nom de *pédoncule*. Ce pédoncule, de même que le pétiole d'une feuille, peut être simple ou ramifié. Quand il se divise, chacun de ses rameaux porte une fleur, et prend le nom de pédicelle. Quand la tige étant très-courte, le pédoncule semble naître de la racine, il reçoit alors le nom particulier de *hampe*.

C'est la disposition diverse des pédoncules simples sur la tige, ou des pédicelles sur leur pédoncule commun, qui détermine les différens modes d'inflorescence des végétaux. La plupart peuvent être rapportés à deux types principaux dont ils ne sont que des modifications, l'inflorescence dite *en épi* ou *en grappe*, et l'inflorescence dite *en ombelle*.

1°. Les fleurs sont disposées *en épi* lorsqu'elles naissent le long d'un axe central, à l'aisselle des feuilles, et qu'elles sont sessiles ou portées sur un pédicelle si court qu'il est peu visible. On donne le nom de *chaton* à une sorte d'épi dont l'axe se dessèche et tombe de lui-même en se désarticulant de la tige, après la floraison ou à la maturité (le chêne, le saule); celui de *cône* à un épi dont les fleurs sont munies de bractées très-grandes ou susceptibles de grandir après la floraison, et qui semblent souvent former un tout unique (les conifères); celui de *spadice* à une sorte d'épi propre aux monocotylédones, et qui est enveloppé dans sa jeunesse d'une large bractée engaînante qu'on nomme *spathe*. Le spadice peut être simple ou rameux; dans ce dernier cas on lui donne le nom particulier de *régime*. La *grappe* ne diffère de l'épi que parce que les fleurs sont portées sur des pédicelles plus ou moins allongés : en général les pédicelles inférieurs, étant plus anciens et mieux nourris, sont les plus longs, et ils diminuent de grandeur à mesure qu'ils approchent du sommet. La grappe est *simple* quand les pédicelles ne se ramifient pas; elle est *composée* ou *rameuse* quand les pédicelles se divisent. On donne le nom de *thyrse* à une grappe composée, dans laquelle les pédicelles du milieu sont plus longs que ceux du bas et du sommet (par ex. le lilas); celui de *panicule* à une grappe composée dont les rameaux inférieurs sont écartés, étalés et très-allongés (ex. l'avoine); celui de *corymbe* à une grappe simple ou composée dont les pédicelles inférieurs sont très-longs et les supérieurs très-courts, de manière que les fleurs, quoique partant de points différens, parviennent toutes à peu près à la même hauteur (ex. la millefeuille.)

2°. Les fleurs sont dites *en ombelle* quand tous les pédoncules partent d'un même point et arrivent à peu près à la même hauteur, comme les rayons qui soutiennent un parasol; il en résulte que l'ensemble des fleurs représente une surface bombée : fig. 3, pl. 13. Souvent chaque pédoncule se divise au sommet en plusieurs pédicelles disposés eux-mêmes en ombellule ou petite ombelle : l'ombelle peut donc être simple ou composée; elle est simple dans la primevère, dans plusieurs espèces d'ail, etc.; elle est composée dans la ciguë, la carotte et les autres plantes de la famille des ombellifères.

On dit que les fleurs sont *en tête* ou en *capitule* quand les pédoncules étant nuls ou très-courts les fleurs sont ramassées en grand nombre, et tellement serrées qu'on peut presque les prendre de loin pour une seule fleur. Les capitules ne sont autre chose que des ombelles à pédoncules très-petits ou des épis à axe court, renflé et ovoïde. Dans toutes les inflorescences précédentes, l'épanouissement des fleurs suit une marche régulière et inverse de celui des bourgeons (page 280); les fleurs inférieures dans les épis, ou extérieures dans les ombelles, sont toujours les premières qui se développent, et la floraison continue de bas en haut dans l'épi et du dehors en dedans dans l'ombelle. Mais il est une autre classe d'inflorescences, beaucoup plus rares, où la tige, au lieu de ne porter de fleurs que sur ses côtés, et de pouvoir se prolonger indéfiniment par son extrémité supérieure, se trouve terminée par une fleur centrale ayant à la base de son pédicelle, des bractées, le plus ordinairement au nombre de deux, qui de leur aisselle peuvent produire deux nouveaux rameaux à fleur terminale, et ainsi indéfiniment. Il résulte de cette disposition une suite de bifurcations, au centre de chacune desquelles se trouve une fleur solitaire. On désigne sous le nom collectif de *cime* toutes les inflorescences de ce genre dans lesquelles ce sont les fleurs terminales ou du centre qui fleurissent les premières.

DE LA FLEUR.

La *fleur* est un appareil composé des organes de la fructification et de ceux qui les entourent ou les protégent. Considérée sous le point de vue anatomique, c'est un assemblage de plusieurs rangées de feuilles plus ou moins modifiées dans leur forme et leur apparence, disposées comme les feuilles ordinaires en verticilles et quelquefois en spires très-courtes, et situées en manière de bourgeon à l'extrémité d'un rameau appelé *pédoncule*. Cette sommité du pédoncule, ordinairement évasée, offre une expansion de laquelle naissent les parties intérieures de la fleur, et qu'on nomme le *réceptacle* (ou le *torus*). Cette expansion a tantôt la forme d'une protubérance charnue et tantôt celle d'une simple lame, peu distincte, servant de base aux pièces qui composent les deux verticilles moyens de la fleur, savoir les pétales et les étamines. Cette lame peut se développer de manière à se prolonger plus ou moins sur les pièces qui composent les deux autres verticilles, interne et externe, et quelquefois elle s'épaissit en une sorte de disque. Il peut arriver aussi que le pédoncule se prolonge au centre des diverses parties de la fleur, de manière à figurer un axe autour duquel ces parties sont symétriquement placées. Le plus ordinairement la fleur est terminale relativement au pédoncule.

Une fleur, considérée d'une manière générale, et supposée pourvue de toutes les pièces qui peuvent entrer dans sa composition, est formée à l'extérieur de deux verticilles de pièces foliacées, qui constituent ce qu'on nomme les enveloppes florales ou le périanthe, et à l'intérieur de deux autres verticilles d'organes pareillement semblables à des feuilles, sinon par leur forme, au moins par leur nature primitive, et constituant les parties essentielles de la fleur ou les organes de la fructification (fig. 2, pl. 9).

1°. Le verticille extérieur, ou la première enveloppe, est formé de plusieurs pièces appelées *sépales* (au moins au nombre de deux), et rangées régulièrement; les sépales sont ou libres entre eux ou soudés plus ou moins par leurs bords : leur ensemble porte le nom de *calice*; ils ont l'aspect et la structure des feuilles, sont généralement verts, et quelquefois même on les trouve changés entièrement en véritables feuilles. Cette analogie des sépales avec les feuilles les a fait nommer souvent *folioles*, c'est-à-dire *petites feuilles* (voyez fig. 1 et 2, pl. 9).

2°. Le second verticille de la fleur, ou la seconde enveloppe florale, est formé de plusieurs pièces appelées *pétales*; ces pétales sont tantôt libres, tantôt soudés entre eux; leur ensemble porte le nom de *corolle*. Ce sont des organes peu différens des sépales, si ce n'est qu'ils sont d'ordinaire plus membraneux, plus colorés et plus souvent privés de stomates; mais dans plusieurs plantes on peut à peine les distinguer des sépales, et dans quelques cas on les voit se transformer en véritables feuilles. On distingue dans un pétale deux parties : la partie supérieure, élargie, de forme variable, et qu'on nomme la *lame*, et la partie inférieure, rétrécie, plus ou moins allongée, par laquelle il est attaché au réceptacle et qu'on appelle l'*onglet*.

3°. Le troisième verticille de la fleur est formé par les *étamines*, soit libres, soit soudées entre elles [1]; elles sont ordinairement composées de deux parties : une partie essentielle, supérieure, qu'on nomme *anthère*, sorte de petit sac membraneux dans lequel est renfermé le *pollen* ou la poussière fécondante; cette poussière est un amas de petites coques, dont chacune contient un liquide de nature visqueuse, lequel sert à féconder les rudimens de graines que renferment les pistils; la seconde partie de l'étamine, qui est moins essentielle et manque quelquefois, est un support filamenteux sur lequel l'anthère est attachée, auquel on donne le nom de *filet*, et qui est analogue au pétiole d'une feuille (voyez fig. 5 et 6, pl. 9). Comme celui-ci, le filet est susceptible de se développer en membrane, et l'on voit les étamines se transformer souvent en pétales dans ce qu'on nomme une fleur double, et même aussi, mais plus rarement, en véritables feuilles : l'analogie des étamines avec les pétales est donc évidente. L'anthère est le plus généralement formée par deux petites poches membraneuses appelées *loges*, accolées l'une à l'autre, et réunies souvent par un corps intermédiaire qu'on nomme *connectif*; on peut considérer l'anthère comme le limbe d'une

---

[1] On a proposé de donner à l'ensemble des étamines le nom d'*androcée*; mais ce terme collectif n'est point usité comme ceux de calice et de corolle.

feuille dont les bords seraient recourbés et roulés vers la nervure médiane.

4°. Le quatrième verticille, qui occupe le centre de de la fleur, se compose de pièces nommées *carpelles* ou *pistils partiels*, dont l'ensemble constitue le *pistil* proprement dit; ces pièces sont quelquefois libres entre elles, mais le plus souvent intimement soudées à cause de leur position centrale, en sorte que le pistil total semble être un organe unique. Chaque carpelle se compose de trois parties, d'une partie inférieure renflée et communément de forme arrondie, qu'on nomme *ovaire*, et qui renferme les *ovules* ou rudimens des jeunes graines; d'une partie supérieure qu'on nomme *stigmate*, sorte de spongiole ou de corps glanduleux et visqueux qui reçoit le pollen au moment de la fécondation; et d'une partie intermédiaire de forme filamenteuse, qu'on appelle *style*, qui manque quelquefois, et qui est destinée à élever le stigmate à une hauteur convenable (voyez fig. 8 et 9, pl. 9). L'ovaire est ordinairement sessile au fond de la fleur; mais dans quelques plantes il est porté sur un pédicelle particulier. Chaque carpelle est une feuille courbée par ses bords ou pliée en dedans sur elle-même, et prolongée en style par son sommet. C'est sur les bords de cette feuille, et à l'extrémité de ses fibres latérales que sont attachés les ovules ou les graines futures. L'analogie des carpelles avec les feuilles est encore prouvée par la transformation accidentelle de ces organes en véritables feuilles.

Tous les verticilles de la fleur sont donc des organes foliacés, diversement modifiés par leur position. Une feuille est le plus souvent composée d'un pétiole et d'un limbe, et n'a quelquefois que l'un de ces deux organes : les mêmes modifications se retrouvent dans les organes de la fleur. Les feuilles sont composées de deux surfaces épidermiques et d'un parenchyme intermédiaire; la même organisation se retrouve dans toutes les pièces de l'appareil floral.

Les différens verticilles sont soumis à des lois qui établissent une sorte de type symétrique auquel on peut rapporter toutes les fleurs. Une première loi, qui règle les nombres de pièces dont les verticilles peuvent se composer, consiste en ce que ces nombres sont toujours en rapport simple les uns avec les autres, étant le plus ordinairement égaux entre eux, ou bien doubles, triples, etc., du plus petit nombre. Une seconde loi, qui règle les positions relatives des pièces des mêmes verticilles, et qu'on peut appeler *la loi d'alternation*, c'est que chaque pièce d'un verticille est généralement située entre deux pièces du verticille qui le précède, et de celui qui le suit, ou, en d'autres termes, est alterne avec les pièces du verticille voisin. Ainsi, dans toute fleur régulière, les pétales sont alternes avec les sépales, les étamines alternes avec les pétales, les carpelles alternes avec les étamines. Maintenant imaginons une fleur composée de quatre verticilles, de pièces toutes parfaitement distinctes, en nombre quelconque dans les différens verticilles, mais soumises aux deux lois précédentes, et nous aurons le type général d'où dérivent toutes les fleurs qui se rencontrent dans la nature.

Examinons maintenant comment ce type se modifie, pour donner naissance aux différentes sortes de fleurs que les botanistes ont désignées par des dénominations particulières. Parmi les modifications dont il est susceptible, on doit distinguer d'abord celles qui se font avec symétrie, c'est-à-dire qui ont lieu également dans toutes les parties semblables, en sorte que la fleur continue d'être régulière dans son ensemble; puis celles qui se font inégalement, de manière à troubler la symétrie du type fondamental, et qui donnent toujours naissance à des fleurs plus ou moins irrégulières.

I. MODIFICATIONS SYMÉTRIQUES.

Fleurs régulières.

1°. *Modifications dans le nombre des pièces composantes des verticilles.* Le plus petit nombre de pièces auquel un verticille puisse se réduire est celui de deux pièces opposées l'une à l'autre. D'après cela, une fleur peut avoir un *calice disépale*, ou à deux sépales distincts, un *calice trisépale* ou à trois sépales; *tétrasépale* ou à quatre sépales; *pentasépale* ou à cinq sépales; *hexasépale* ou à six sépales, et ainsi de suite. On se contente souvent de dire que le calice est *polysépale* ou à plusieurs sépales, lorsque le nombre des sépales est assez grand et qu'on ne veut pas le préciser.

De même, une fleur peut offrir une *corolle dipétale* ou à deux pétales distincts; une corolle *tripétale* ou à trois pétales; *tétrapétale* ou à quatre pétales, etc.; *polypétale* ou à plusieurs pétales.

Une fleur peut être *diandre* ou à deux étamines; *triandre* ou à trois étamines; *tétrandre* ou à quatre étamines; *pentandre* ou à cinq étamines; *hexandre* ou à six étamines; *décandre* ou à dix étamines, etc.; *polyandre* ou à un nombre indéterminé d'étamines.

Enfin une fleur peut être *digyne* ou à deux carpelles (pistils partiels) distincts; *trigyne* ou à trois carpelles; *tétragyne* ou à quatre carpelles, etc.; *polygyne* ou à plusieurs carpelles distincts.

2°. *Modifications dans le nombre des verticilles.* Une fleur peut offrir plus ou moins de quatre verticilles. Le premier cas résulte de ce que les pièces d'une même sorte sont disposées parfois sur plusieurs rangs; le second cas a lieu par le manque de quelques-uns des verticilles fondamentaux. Ainsi, une fleur peut avoir un *calice simple* ou un *calice double* (à deux rangs de sépales); elle peut avoir plusieurs rangs de pétales, ou d'étamines, ou de carpelles. Au contraire, une fleur peut être *apétale* ou sans corolle; *nue* ou privée à la fois de calice et de corolle; *hermaphrodite* ou pourvue d'étamines et de pistils; *unisexuelle*, lorsqu'elle renferme seulement l'un ou l'autre de ces deux organes; dans ce cas, on la dit *fleur mâle*, quand elle ne renferme que des étamines, et *fleur femelle*, quand elle ne contient que des pistils. Les plantes à fleurs unisexuelles sont appelées *monoïques*, lorsque le même pied porte à la fois des fleurs mâles et des fleurs femelles (ex. : le chêne, le noyer); *dioïques*, lorsque les fleurs mâles sont sur un individu, et les fleurs femelles sur un autre (ex. : le saule, le peuplier); *polygames*, lorsque le même pied porte des fleurs hermaphrodites et en même temps des fleurs mâles ou des fleurs femelles, ou bien les trois sortes de fleurs à la fois (ex. : le frêne, le figuier). En général, une fleur est *complète*, lorsqu'elle est composée des quatre sortes de verticilles, savoir : des deux espèces d'organes fructificateurs et de leurs deux enveloppes ; elle est *incomplète*, au contraire, lorsqu'il lui manque quelqu'un des verticilles fondamentaux. La fleur la moins complète, et, par conséquent, la plus simple, est celle qui n'est formée que d'une seule étamine ou d'un seul pistil porté sur un support de nature foliacée.

3°. *Modifications par soudure des pièces de même sorte entre elles.* C'est un fait général, que les organes des plantes tendent à se souder entre eux, surtout dans leur jeunesse, c'est-à-dire se collent ensemble dans les points où leur tissu cellulaire est mis en contact, de manière à ne paraître qu'un corps unique. Cette tendance est d'autant plus forte entre deux organes, qu'ils ont plus d'analogie. Ainsi deux feuilles, deux branches, deux fleurs, deux fruits peuvent se souder ensemble, et l'on en a des exemples fréquens ; la greffe n'est de même qu'une soudure qui s'exerce entre les fibres des écorces. Les parties d'un même appareil peuvent aussi, et d'autant plus facilement qu'elles sont plus analogues, se souder ou naître soudées ensemble, comme cela a lieu fréquemment dans les pièces de l'appareil floral, dont nous avons reconnu la ressemblance d'origine. De ce principe dérivent les modifications suivantes.

Toutes les pièces du calice peuvent être soudées entre elles par leurs parties latérales, en sorte que le calice semble être formé d'une pièce unique, circulaire, et plus ou moins découpée sur son bord : on dit dans ce cas que le calice est *monosépale*, c'est-à-dire à un seul sépale, expression impropre qu'on a proposé[1] de remplacer par celle de *calice gamosépale*, c'est-à-dire *calice à sépales soudés*. Si la soudure n'a lieu que par la partie inférieure des sépales, les parties libres qui les représentent se nomment *divisions*, et le calice est dit être plus ou moins profondément *divisé*; si la soudure va près du sommet,

[1] M. de Candolle.

les parties libres se nomment *dents*, et le calice est *denté*
(fig. 1, pl. 9); si la soudure atteint le sommet, le calice
est dit *entier*. On distingue dans un calice monosépale,
1° le *tube* ou la partie inférieure, ordinairement allongée et rétrécie; 2° le *limbe* ou la partie supérieure, plus
ou moins ouverte et étalée; la ligne qui sépare le tube
du limbe se nomme *la gorge*.

Toutes les pièces de la corolle peuvent être soudées
entre elles comme celles du calice, et dans ce cas la corolle est dite *monopétale*. Elle est *entière*, si la soudure
des pétales a lieu de la base jusqu'au sommet; *lobée*, si
la soudure ne va que jusqu'au milieu ou à peu près, auquel cas les parties libres se nomment *lobes*. On distingue dans une corolle monopétale, comme dans un calice
monosépale, les trois parties suivantes : *le tube*, *le limbe*,
et *la gorge*.

Les étamines peuvent être soudées entre elles de trois
manières différentes : ou par les anthères seulement, ou
par les filets, ou par les anthères et les filets à la fois.

Lorsque les étamines adhèrent entre elles par les anthères, on dit qu'elles sont *syngénèses* (ex.: la laitue,
le pissenlit).

Lorsqu'elles se soudent par les filets, on les dit *monadelphes*, si elles ne forment qu'un seul faisceau (fig. 7,
pl. 9) (par ex. : la mauve); *diadelphes*, si elles forment
deux faisceaux distincts (fig. 9, pl. 12) (par ex. : l'acacia,
le haricot); *polyadelphes*, si elles forment plusieurs
faisceaux (par ex. : l'oranger, le millepertuis). Dans le
cas où tous les filets sont réunis ensemble, ils forment
un tube plus ou moins complet.

Les étamines peuvent se souder par les filets et les
anthères à la fois, mais ce cas est extrêmement rare.

Les carpelles peuvent être soudés entre eux par les
ovaires seuls; par les ovaires et les styles à la fois, les
stigmates étant libres; par les ovaires, les styles et les
stigmates à la fois; par les styles et les stigmates, les
ovaires restant libres; et enfin par les stigmates seuls.
De ces cas de soudure, voici les plus remarquables.

Lorsque plusieurs carpelles verticillés se soudent ensemble par les ovaires seulement, il en résulte souvent

un ovaire en apparence unique, partagé intérieurement en autant de *loges*, et surmonté d'autant de styles qu'il y avait de carpelles élémentaires, c'est ce qu'on nomme un *ovaire multiloculaire* (ou à plusieurs loges), et *poly-style* (à plusieurs styles). L'ovaire est dit *biloculaire*, *trilo-culaire*, etc., selon qu'il est à deux loges, à trois loges, etc.

Lorsque les carpelles se soudent par les ovaires et les styles à la fois, on a alors en apparence un ovaire à plusieurs loges, à un seul style et à plusieurs stigmates, ce qu'on exprime plus simplement, mais avec moins d'exactitude, en disant : *ovaire multiloculaire monostyle, à stigmate divisé.*

Dans le cas de l'ovaire multiloculaire, chaque ovaire partiel constitue une *loge* ou une cavité distincte, étant formé par une feuille dont les bords ont convergé l'un vers l'autre, et vers l'axe de la fleur, où ils se sont réunis : l'ovaire multiloculaire semble être un ovaire simple, qui aurait été divisé intérieurement en plusieurs loges, par autant de lames verticales ou de *cloisons* ; mais ces cloisons ne sont que les feuilles des carpelles voisins qui se sont soudées latéralement entre elles par une partie de leur face externe. Il peut se faire que ces cloisons, ou ce qui est la même chose, les bords re-courbés des feuilles carpellaires n'arrivent pas jusqu'au centre, de manière que les bords repliés de chaque feuille adhèrent à ceux des feuilles voisines, sans se réunir l'un à l'autre. Dans ce cas, on aura un ovaire partagé par des demi-cloisons en autant de demi-loges, ouvertes à l'intérieur ou communiquant toutes ensemble ; et si les cloisons ou parties rentrantes des carpelles deviennent tellement courtes qu'elles soient à peine visibles, ou que les feuilles carpellaires se soient soudées entre elles dans tout leur contour sans converger vers le centre, on aura alors un *ovaire uniloculaire* (ou à une seule loge), et à plusieurs styles ou stigmates.

4°. *Modifications par soudure ou adhérence entre les pièces de deux verticilles différens.* Il peut se faire que l'expansion du réceptacle, ordinairement en forme de lame circulaire ou de disque, et d'où naissent les pétales et les étamines, soit adhérente au calice et à l'ovaire, et tende à souder entre eux ces deux organes : on dit alors que l'*ovaire est adhérent au calice*, ou qu'il est *infère*. Dans ce cas, on ne trouve au fond de la fleur que le style et le stigmate ; mais au-dessous des parties développées de la fleur on aperçoit un renflement particulier distinct du sommet du pédoncule ; ce renflement est l'ovaire, qui fait corps par tout son contour latéral avec le tube du calice, lequel est nécessairement alors *monosépale*. Souvent il arrive que la lame du réceptacle se développe au-dessus de l'ovaire, vers le point où le limbe du calice devient libre, et forme un disque épaissi qui donne naissance aux pétales et aux étamines : dans ce cas, on dit de celles-ci qu'elles sont *épigynes* (sur l'ovaire), et de la corolle qu'elle est *supère*.

Dans quelques plantes les filets des étamines se soudent en un seul corps avec le pistil, en sorte que les anthères semblent être posées sur le style ou le stigmate. Ces plantes sont désignées par l'épithète de *gynandres*.

Lorsque l'ovaire n'adhère point au calice, et qu'il est visible au fond de la fleur où il n'est attaché que par sa base, on dit qu'il est *libre* ou *supère*.

Il peut se faire que la lame du réceptacle ou le disque, s'étende sur la paroi interne du calice, et adhère ainsi avec la base de cet organe : dans ce cas les pétales et les étamines semblent naître du calice. On dit alors de la plante qu'elle est *calyciflore*, du calice qu'il est *staminifère* (portant les étamines), des étamines qu'elles sont *périgynes* (autour du pistil).

Enfin, il peut se faire que l'ovaire et le calice étant parfaitement libres, la lame du réceptacle forme entre l'un et l'autre un espace circulaire étroit. C'est alors de ce disque situé sous l'ovaire que naissent les pétales et les étamines. On dit alors de la corolle et des étamines qu'elles sont *hypogynes* (sous l'ovaire), et de la corolle seulement qu'elle est *infère*. Mais deux cas peuvent se présenter dans les fleurs hypogynes, selon qu'il y a adhérence entre les pétales et les étamines, ou que ces organes sont parfaitement distincts. Dans le cas où les étamines adhèrent par leurs filets avec la corolle, celle-ci est toujours monopétale ; on dit alors de cette corolle, qu'elle est *staminifère*, et de la plante elle-même qu'elle est *corolliflore*. Dans le cas où il n'y a aucune adhérence entre les étamines et les pétales, ceux-ci sont constamment libres entre eux, c'est-à-dire que la corolle est polypétale; et la plante est dite *thalamiflore*.

Il arrive dans certaines fleurs que le calice et la corolle sont soudés ensemble de manière à ne simuler qu'une enveloppe unique à laquelle on donne le nom de *périgone*. Dans ce cas, la face extérieure de l'enveloppe est en général plus ferme, et colorée en vert, comme les calices, tandis que la face intérieure est plus délicate et colorée comme les corolles.

5°. *Modifications dans la forme des étamines.* Les anthères sont communément formées de deux loges, ou *biloculaires*; quelquefois cependant elles sont *uniloculaires* ou formées d'une seule loge.

Les anthères sont ordinairement placées au sommet du filet; mais leur attache peut se faire de trois manières différentes. Ou l'anthère est *dressée et terminale*, c'est-à-dire attachée par sa base à l'extrémité du filet dont elle est en quelque sorte la continuation; ou bien elle est *oscillante*, c'est-à-dire attachée par le milieu du dos à l'extrémité amincie du filet, et pouvant se tourner en différens sens; ou bien enfin, elle est *adnée et latérale* c'est-à-dire adhérente au filet dans toute la longueur de son dos. Chaque loge d'une anthère offre ordinairement sur l'un de ses côtés un sillon longitudinal, par lequel elle s'ouvre dans le plus grand nombre des cas. C'est ce côté que l'on nomme la *face* de l'anthère : le côté opposé par lequel l'anthère s'attache au filet en est le *dos*.

Les anthères offrent des différences assez remarquables dans leur manière de s'ouvrir. Dans la plupart, chaque loge s'ouvre par une fente longitudinale placée sur le milieu de la face; dans quelques-unes, les loges s'ouvrent par une fente transversale; enfin il en est dont les loges s'ouvrent au sommet par des trous ou par de petites valves, qui se détachent à la maturité de bas en haut.

La position de l'anthère relativement au pistil est aussi susceptible de varier : ou bien l'anthère est *introrse* (s'ou-

vrant intérieurement) c'est-à-dire que son dos est tourné
en dehors, et qu'elle s'ouvre du côté du pistil, ce qui
est le cas le plus ordinaire; ou bien elle est *extrorse*, c'est-
à-dire que son dos regarde le pistil et qu'elle s'ouvre
par conséquent du côté opposé.

6°. *Modifications dans la forme des enveloppes florales.*
Le calice monosépale peut être *tubuleux* ou *en tube*, c'est-
à-dire formé ou terminé par un tuyau un peu allongé ;
urcéolé, c'est-à-dire renflé à sa base et resserré à la
gorge, comme une petite outre; *campanulé* ou *en cloche*,
c'est-à-dire évasé ou dilaté de la base vers l'orifice, etc.

La corolle monopétale peut être de même *tubuleuse*,
campanulée, *infundibuliforme* ou *en entonnoir* (fig. 1,
pl. 9), *hypocratériforme* ou en *soucoupe*, *rotacée* ou *en
roue*, c'est-à-dire à tube très-court et à limbe étalé et
presque plane ; *étoilée* ou à tube court et à limbe divisé
en lanières aiguës et allongées.

La corolle polypétale peut être *cruciforme*, c'est-à-
dire composée de pétales onguiculés (à onglets fort allongés) disposés en croix; *rosacée*, c'est-à-dire composée de plusieurs pétales égaux, à onglets courts, et
qui sont étalés et disposés en rosace (fig. 2, pl. 9); *ca-
ryophyllée*, c'est-à-dire formée de cinq pétales à onglets
fort allongés, et cachés par le calice, comme dans l'œillet.

II. MODIFICATIONS NON SYMÉTRIQUES.

Fleurs irrégulières.

Les irrégularités que l'on observe dans les modifications du type général des fleurs, et par lesquelles certaines fleurs particulières dérogent à la symétrie ordinaire, tiennent soit à des soudures qui s'opèrent d'une
manière inégale entre les pièces semblables d'un verticille, soit à des développemens incomplets ou anomaux,
ou bien à l'avortement ou non développement de quelques-unes d'entre elles, soit enfin à des métamorphoses
ou dégénérescences de certains organes, toutes causes
qui tendent à masquer ou à altérer plus ou moins la
symétrie du type fondamental et régulier auquel chaque

fleur individuelle peut toujours être rapportée, quelque irrégulière qu'elle soit au premier abord.

Ainsi, le calice est *irrégulier*, lorsque les sépales ou les divisions ne s'étant pas développées d'une manière uniforme, n'ont point la même figure ni une grandeur égale; il est *bilabié* ou à deux lèvres, lorsque certains sépales se soudent ensemble à un certain degré, et les autres sépales à un degré différent, d'où il résulte ce qu'on nomme les deux lèvres, dont l'une est ordinairement supérieure et la seconde inférieure. La corolle monopétale est pareillement *labiée* ou en lèvre (fig. 3, pl. 9), quand son tube est plus ou moins allongé, sa gorge ouverte et son limbe partagé en deux lèvres, l'une supérieure et l'autre inférieure, dont chacune offre ordinairement autant de dents qu'il y a de pétales réunis pour la former.

La corolle monopétale est *personnée* (en gueule ou en masque), quand le tube étant plus ou moins allongé, et la gorge close supérieurement, le limbe est à deux lèvres inégales et rapprochées de manière à représenter un mufle d'animal ou un masque antique.

La corolle est *éperonnée*, quand elle porte à sa base un prolongement creux en forme de corne, qu'on nomme *éperon*.

La corolle monopétale est *ligulée* ou *en languette*, lorsqu'elle est tubulée à sa base, et que son limbe se déjette d'un seul côté, de manière à former une languette plane (fig. 2, pl. 14). Cette languette présente autant de dents qu'il y a de pétales dans le type régulier auquel on peut rapporter la fleur dont elle fait partie.

La corolle polypétale est *papilionacée*, lorsqu'elle est composée de cinq pétales irréguliers, dont la réunion imite grossièrement un papillon qui aurait ses ailes étendues (fig. 7 et 8, pl. 12). De ces cinq pétales, l'un est supérieur et ordinairement relevé: on le nomme *étendard*. Deux sont inférieurs et le plus souvent soudés l'un à l'autre par leurs bords. Ils forment la *carène*; cette partie de la corolle est ainsi nommée, parce qu'elle représente l'avant d'une nacelle; elle renferme presque toujours les étamines et le pistil. Enfin les deux derniers sont latéraux et constituent les *ailes* (ex. : le pois, le haricot).

Les étamines peuvent être inégales en longueur. Ainsi l'on dit que les étamines sont *didynames*, quand sur quatre étamines il y en a deux plus longues (ex. : la sauge et toutes les labiées); *tétradynames*, quand sur six étamines il y en a quatre plus longues que les deux autres (ex. : le chou et toutes les crucifères).

Des avortemens réduisent quelquefois à l'unité des organes qui, d'après la nature de la fleur, devraient toujours être multiples; c'est ainsi qu'il y a des plantes à *une seule* étamine, et que pour cette raison on appelle *monandres*; des pistils irréguliers, par suite de l'avortement de plusieurs carpelles; et même des carpelles solitaires, comme dans les légumineuses, et les rosacées qui ont un fruit à noyau et charnu. Il y a aussi des ovaires qui paraissent n'avoir qu'une seule graine, et qu'on dit être *monospermes*. C'est encore une suite de l'avortement d'un ou de plusieurs ovules, car ceux-ci se développant sur les deux bords de la feuille carpellaire qui tendent à se réunir, doivent toujours être multiples. Aussi, tout carpelle solitaire et tout ovaire monosperme offre-t-il toujours quelque irrégularité ou défaut de symétrie, lorsqu'on le compare aux autres parties de la fleur.

On trouve des fleurs qui dérogent à leur espèce par le défaut de quelques pétales ou de quelques étamines, sans que la symétrie générale en paraisse troublée. Un pareil changement peut arriver aussi par une cause opposée, c'est-à-dire par une multiplication de parties au-delà du nombre rigoureusement nécessaire. Enfin il a encore lieu par métamorphose ou dégénérescence, c'est-à-dire par une transformation des pièces d'un verticille en celles de l'un des verticilles voisins. Ainsi l'on voit les étamines se changer fréquemment en pétales, les carpelles se transformer quelquefois, mais rarement, en étamines, les pétales prendre quelquefois l'apparence du calice, etc. On a distingué des fleurs de diverses sortes, à raison de ces différentes variations, et l'on a appelé *fleur simple*, celle qui n'a que le nombre de pétales qui convient à son espèce; *fleur double*, celle où il se développe un plus grand nombre de pétales qu'elle ne doit avoir naturellement; ce qui est l'effet d'une affluence considérable de sucs nourriciers, et presque toujours de soins particuliers de culture. Dans la fleur double, dont l'œillet offre souvent des exemples, les étamines et les pistils subsistent encore en partie, et peuvent donner quelques graines fécondes. On nomme *fleur pleine*, celle dont le réceptacle est entièrement rempli de pétales provenant de la transformation des étamines et des pistils. Cette fleur est absolument stérile, et ce n'est qu'à l'aide des boutures qu'on parvient à la multiplier. On trouve souvent des fleurs pleines sur la pivoine et certaines espèces de rosiers. Les fleurs pleines sont des monstruosités pour le botaniste, qui ne voit en elles que des êtres dégénérés ; elles ont au contraire un grand prix aux yeux du fleuriste et de l'amateur des jardins, qui les recherchent à cause de l'élégance de leurs formes et du luxe de leur parure.

Nous venons de passer en revue les principales modifications de forme et de structure que la fleur est susceptible d'offrir, et nous avons vu comment elles dérivent toutes d'un type général et symétrique. Pour terminer ce que nous avons à dire de cet important organe, nous devons parler de quelques appendices ou parties accessoires que l'on observe quelquefois vers le milieu de la fleur, et qui ne rentrent dans aucune des parties essentielles dont il a été question précédemment : ce sont les *nectaires*. Sous ce nom, on a réuni une multitude de parties hétérogènes, telles que des glandes qui sécrètent un nectar ou liqueur sucrée, recherchée par les abeilles ; des excroissances d'autres organes ou bien des organes avortés. Les nectaires varient par la forme, le nombre, la grandeur et la position ; leur usage ne peut être bien important, car ils manquent dans les trois quarts des végétaux.

Nous devons dire aussi quelques mots des différences que présentent, sous le rapport de la durée, les parties composantes essentielles des fleurs. Un calice monosépale est toujours *persistant*, c'est-à-dire qu'il reste en place après la floraison, jusqu'à la maturité des graines ; mais alors, ou bien il se fane, se dessèche et s'oblitère sans tomber, auquel cas on le dit *marcescent*, ou bien il continue de s'accroître et accompagne le fruit dans son développement.

Il est rare au contraire qu'un calice polysépale soit persistant. Il est ou *caduc*, c'est-à-dire tombant au moment de l'épanouissement de la fleur et quelquefois même avant (comme dans les pavots), ou *décidu*, c'est-à-dire tombant à la fin de la floraison (comme dans les renoncules).

Dans la plupart des plantes, la corolle tombe avec les étamines à l'époque de la fécondation; mais, comme le calice, elle est quelquefois caduque ou décidue; quelquefois persistante et marcescente, ainsi que les étamines. Après la fécondation, toutes les parties de la fleur sont donc généralement fanées ou détruites, à l'exception du pistil, qui perd même le plus souvent son stigmate et son style; il ne reste plus que l'ovaire, lequel ayant reçu une nouvelle vie, s'accroît et se développe pour former le *fruit*.

DU FRUIT.

On nomme ainsi tout ovaire fécondé et accru, et, par extension, l'ensemble des ovaires fécondés et rapprochés soit dans une même fleur, soit dans plusieurs fleurs portées sur un même pédoncule. Nous avons vu que la pluralité des carpelles et par conséquent des ovaires, était l'état naturel et régulier des fleurs; mais ils peuvent être réduits à l'unité, soit en apparence par des soudures, soit en réalité par des avortemens. On nomme *fruit simple* tout fruit qui n'est composé que d'un seul ovaire, et alors il est nécessairement irrégulier (la cerise), ou qui est formé de plusieurs ovaires intimement soudés entre eux (la capsule du lis), auquel cas il n'est simple qu'en apparence, et peut présenter une régularité parfaite, s'il n'y a eu dans la fleur aucun avortement de carpelle. On nomme *fruit multiple* celui qui provient de plusieurs carpelles naturellement isolés dans une seule fleur (la fraise, la framboise, le fruit des renoncules); enfin on donne le nom de *fruit composé* ou *agrégé* à celui qui est formé par la réunion ou le rapprochement de plusieurs ovaires qui proviennent originairement de fleurs distinctes (le fruit du mûrier, celui de l'ananas, la figue, le cône).

Nous avons vu que l'ovaire d'un carpelle peut être considéré comme une feuille courbée en long sur elle-même, et dont les bords convergens se soudent ordinairement entre eux. Les graines sont attachées intérieurement à ces mêmes bords, soit tout le long de la suture, soit seulement à sa partie inférieure ou supérieure. Un fruit est donc essentiellement composé de deux parties : la *graine*, et le *péricarpe* c'est-à-dire l'enveloppe extérieure qui renferme une ou plusieurs graines, et provient de la feuille carpellaire. On distingue en outre le *funicule* ou *cordon ombilical*, qui est le filet au moyen duquel la graine adhère au péricarpe, et le *placenta*, qui est la partie du péricarpe, ordinairement en forme de bourrelet ou de nervule, à laquelle les graines sont attachées.

Le péricarpe est toujours, comme la feuille, composé de trois parties : 1° d'une membrane extérieure, mince, sorte d'épiderme séparable dans un grand nombre de fruits (par ex. dans la pêche) ; on la nomme *épicarpe* ; 2° d'une autre membrane intérieure, mince ou épaisse, et quelquefois même dure et osseuse, qui revêt la cavité dans laquelle les graines sont contenues : elle a reçu le nom d'*endocarpe* ; 3° entre l'épicarpe et l'endocarpe se trouve un parenchyme qu'on appelle *mésocarpe*, et auquel on donne aussi quelquefois le nom de *sarcocarpe* ou de *chair du fruit*, lorsqu'il est épais et charnu, comme dans la pêche ou dans la cerise. Le mésocarpe adhère souvent avec force à l'endocarpe, comme dans les haricots, ou bien il s'en détache aisément, avec l'épicarpe auquel il reste collé, comme dans le brou de la noix.

Dans tout carpelle on distingue *le dos*, c'est-à-dire la ligne qui représente la nervure moyenne de la feuille qui a donné naissance au carpelle par sa plicature ou sa courbure sur elle-même. On distingue en outre la ligne de réunion des bords de cette feuille, ou la *suture ventrale*, opposée au dos du carpelle, et à laquelle les graines sont intérieurement attachées. Les carpelles des divers fruits diffèrent entre eux par le mode de plicature ou de courbure de la feuille génératrice, par la proportion inégale et variable des deux sutures dorsale et ventrale de cette feuille, par les cloisons complètes ou incomplètes que forme la rentrée ou saillie à l'intérieur de ses bords, et le nombre de loges ou cavités distinctes que déterminent ces cloisons, enfin par les diverses sortes de *déhiscence* de ces carpelles, c'est-à-dire les différentes manières dont ils s'ouvrent naturellement, à l'époque de la maturité du fruit et de la dispersion des graines.

I. Fruits simples, provenant d'un seul carpelle.

Lorsque la fleur n'en offre qu'un, ce cas n'a lieu que par avortement ou non développement de ceux qui sont nécessaires à la symétrie. Parmi les fruits de ce genre les uns sont *indéhiscens*, c'est-à-dire qu'ils ne s'ouvrent point naturellement; les autres sont *déhiscens*, et s'ouvrent d'eux-mêmes de différentes manières pour semer les graines qu'ils renferment.

A. *Fruits déhiscens.* Ils sont tous secs ou à péricarpe membraneux. Dans un fruit déhiscent, on nomme *valves* les parties du péricarpe qui se séparent sans déchirement à la maturité, et *sutures* les lignes formées par la juxta-position des valves.

Variations dans le mode de déhiscence. Le carpelle peut s'ouvrir par la simple désunion des bords séminifères : il ne présente alors qu'une seule suture; on lui donne le nom de *follicule* ou de *coque.* C'est un fruit membraneux, univalve et uniloculaire, c'est-à-dire à une seule valve et à une seule loge.

Le carpelle peut s'ouvrir, non seulement par la désunion des bords séminifères, mais encore par une rupture naturelle le long de la ligne dorsale, qui devient alors une seconde suture; on lui donne le nom de *camare* lorsqu'il fait partie d'un fruit multiple, c'est-à-dire qu'il y en a plusieurs dans une même fleur, et que l'une des sutures est peu prononcée, comme dans les renoncules (voyez fig. 8, pl. 10). On l'appelle *gousse* ou *légume* dans toutes les plantes de la famille des légumineuses, où il est presque toujours solitaire. La gousse est un fruit sec, bivalve, allongé, dont les graines sont attachées alternativement à l'une et à l'autre valve, le long d'une des sutures (fig. 4, pl. 10). Ce fruit est ordinairement à une seule loge, quelquefois à deux loges longitudinales, parce que le bord des valves se replie en dedans, quelquefois enfin à un grand nombre de loges transversales, parce que les portions de la gousse qui sont entre les graines se collent ensemble par soudure naturelle ou par un développement de tissu cellulaire qui produit entre les graines de fausses cloisons. Ces portions intermédiaires se développent souvent moins que celles qui recouvrent les graines, et alors la gousse offre çà et là des renflemens et des rétrécissemens. Ces différentes loges sont quelquefois articulées, et se séparent en plusieurs coques *monospermes* (à une seule graine) : on dit alors de la gousse qu'elle est *lomentacée*.

B. *Fruits indéhiscens*. Les uns sont secs, c'est-à-dire présentent à peine quelques traces de sarcocarpe lorsqu'ils sont arrivés à l'époque de la maturité; les autres sont charnus, c'est à dire ont un sarcocarpe très-apparent, mou et pulpeux.

1. Fruits secs, pseudospermes. — Ces fruits proviennent de carpelles qui ne renferment que deux ovules, dont un avorte le plus souvent avant la maturité. Dans ces fruits le péricarpe est si bien soudé avec la graine ou moulé sur elle sans y adhérer, que ces deux corps semblent se confondre ; aussi les a-t-on regardés anciennement comme des *graines nues* ou privées de péricarpes. On les appelle maintenant avec plus de justesse *fruits pseudospermes* (c'est-à-dire fausses graines), parce qu'ils ressemblent à des graines et qu'ils se sèment comme celles-ci sans s'ouvrir. Le péricarpe entoure la graine jusqu'à la germination : celle-ci s'effectue parce que l'humidité traverse le péricarpe, et que la graine gonflée vient à bout de le rompre. A cette classe de fruits appartiennent :

La *cariopse*, fruit sec, monosperme, dont le péricarpe est tellement adhérent qu'il se confond avec l'enveloppe propre de la graine : tel est le fruit du froment et de presque toutes les graminées;

L'akène, fruit monosperme, qui diffère du précédent en ce que le péricarpe, quoique adhérent autour de la graine, en est cependant distinct, comme dans la famille des synanthérées.

2. Fruits charnus.—Ces fruits proviennent de carpelles dont le péricarpe est mou et charnu, et qui ne contient qu'une ou deux graines. Dans tous ces fruits, l'épicarpe et le sarcocarpe se détruisent par putréfaction ou macération, et la graine, revêtue de l'endocarpe, qui est tantôt osseux et tantôt membraneux, se sème et germe comme dans les fruits pseudospermes. A cette classe appartiennent :

La *drupe*, fruit charnu, qui renferme à l'intérieur un noyau, c'est-à-dire une loge formée par un endocarpe osseux ou ligneux : telles sont les pêches, les cerises, les prunes, etc.;

La *noix*, fruit à noyau comme le précédent, mais revêtu d'un sarcocarpe fibreux et coriace plutôt que charnu, qui porte le nom de *brou* : telle est le fruit du noyer, de l'amandier.

II. Fruits simples en apparence, provenant de la soudure des carpelles d'une même fleur.

Les carpelles, qui sont exactement verticillés au centre d'une fleur, peuvent se souder les uns aux autres à des degrés divers, et ce sont ces gradations de soudure qui font la différence des fruits qu'on nommait anciennement fruits entiers, divisés, partagés, multiples. Les fruits entiers sont ceux où les ovaires des carpelles sont entièrement soudés dans toute leur longueur ; les fruits divisés, ceux où la soudure ne va qu'à la moitié environ de la longueur de l'ovaire ; les fruits partagés, ceux dont les ovaires ne sont soudés que par la base ; les fruits multiples, enfin, ceux dont les ovaires sont entièrement libres. Nous n'examinerons ici que les fruits qui proviennent de carpelles soudés en totalité, et qui sont par conséquent entiers ou simples en apparence.

Lorsque les carpelles sont des coques régulièrement

verticillées autour d'un axe, il arrive souvent qu'en se comprimant ils prennent une forme triangulaire et se soudent latéralement par les faces dirigées vers l'axe. Le dos des carpelles forme alors la partie extérieure du fruit. L'axe n'est pas toujours une ligne idéale : c'est quelquefois un prolongement du pédoncule, qui prend alors le nom de *columelle*. Voici maintenant les principales modifications dont est susceptible ce fruit, que l'on nomme généralement une *capsule*, quand il est sec.

Modifications de forme, dues 1° à la proportion inégale des sutures dans les carpelles : si la suture ventrale est plus longue que la dorsale, le fruit est *acuminé* ou terminé en pointe à son sommet; si la suture ventrale est au contraire plus courte, le fruit est *ombiliqué* ou échancré à son extrémité; si les deux sutures sont sensiblement égales, le fruit est obtus ou tronqué à son sommet.

2°. A la convexité plus ou moins grande de la face dorsale des carpelles : si les faces dorsales des carpelles sont uniformément convexes, le fruit est arrondi; si le dos de chaque carpelle est plus fortement convexe que le fruit en sa totalité, le fruit est à *côtes arrondies*, comme le melon; il présente autant de sillons à l'extérieur qu'il y a à l'intérieur de cloisons verticales formées par la soudure des faces rentrantes des carpelles, et autant de côtes arrondies qu'il y a de carpelles. Si le dos du carpelle est anguleux, le fruit est alors à *côtes anguleuses* et saillantes.

Modifications de structure, dues 1° au nombre des carpelles : le fruit offre intérieurement autant de cavités ou de *loges* qu'il entre de carpelles dans sa formation. On indique leur nombre en disant d'un fruit, qu'il est *uniloculaire*, *biloculaire*, *triloculaire*, etc., *multiloculaire*, pour exprimer qu'il est à une, deux, trois, etc., ou plusieurs loges.

2°. Au nombre des graines. Les graines sont placées vers l'angle de chaque loge et à l'extrémité des faces rentrantes, en sorte qu'elles sont toujours en nombre pair et au nombre de deux au moins dans chaque loge, à moins qu'il n'y ait eu avortement. Le nombre total des graines varie d'un fruit à un autre : on exprime le nombre en disant d'un fruit donné, ou même d'une loge en particulier, qu'ils sont *monospermes*, *dispermes*, *trispermes*, etc., *polyspermes*, *oligospermes*, pour indiquer qu'ils renferment une, deux, trois, etc., beaucoup ou peu de graines. Le nombre des graines va jusqu'à huit mille dans une capsule de pavot.

Modifications dues à la déhiscence ou l'indéhiscence.

Le fruit peut être *indéhiscent*, c'est-à-dire ne pas s'ouvrir à la maturité, ou bien se séparer à cette époque en plusieurs pièces distinctes appelées *valves*. Le nombre des valves se désigne comme celui des loges en disant d'un fruit qu'il est *univalve*, *bivalve*, *trivalve*, etc., *multivalve*, c'est-à-dire à une, deux, trois, etc., ou plusieurs valves. Les fruits indéhiscens ont un péricarpe osseux, ou charnu ou membraneux.

Modifications dues aux différens modes de déhiscence. La déhiscence peut avoir lieu par le dédoublement des cloisons, ce qui amène la séparation ou le décollement des carpelles : c'est ce qu'on nomme la *déhiscence septicide*; elle est susceptible de se modifier encore, selon qu'il existe ou non un axe central.

La déhiscence peut avoir lieu par rupture, soit le long de la ligne dorsale du carpelle, et par conséquent par le milieu des loges (*déhiscence loculicide*) : dans ce cas, ce qu'on a nommé *valve* par rapport au fruit entier est formé de deux moitiés de carpelles soudées ensemble par leur face rentrante (ex. : le lis); soit transversalement par le milieu du diamètre des carpelles : dans ce cas le fruit s'ouvre en deux valves hémisphériques, comme une boîte à savonnette (ex. : le mouron, le plantin, le pourpier). On donne souvent à cette espèce de fruit le nom de *pyxide*. La déhiscence ou la séparation des carpelles peut avoir lieu par le haut seulement (*déhiscence apicilaire*), comme dans les œillets, ou au contraire par la partie inférieure (*déhiscence basilaire*), ou latéralement, sans que les carpelles se séparent au sommet ni à la base, comme dans les campanules; enfin elle peut avoir lieu par des espèces de trous ou de ruptures irrégulières qui donnent passage aux graines (*déhiscence irrégulière*).

Modifications dues aux cloisons plus ou moins prolongées à l'intérieur. Nous avons supposé jusqu'ici que les fruits entiers résultaient de carpelles parfaitement clos, mais soudés entre eux en totalité, en sorte que les replis des bords ou les parties rentrantes pénétraient jusqu'à l'axe. C'est en effet le cas le plus ordinaire; mais il peut arriver que les cloisons n'aillent pas jusqu'au centre; par exemple qu'elles atteignent dans toute leur étendue la moitié de la largeur. Dans ce cas on a un fruit dont le centre est vide, et qui offre vers sa circonférence autant de demi-loges ouvertes à l'intérieur qu'il y a de carpelles. Ces loges sont formées par des demi-cloisons qui portent les graines à leur bord interne (ex. : les pavots).

Il peut se faire, ainsi que nous l'avons vu pag. 3oo, que les carpelles soient en quelque sorte réduits à leur face dorsale, lesquelles se soudent entre elles dans tout leur contour. Dans ce cas les cloisons ou parties rentrantes des carpelles sont nulles, ou à peine visibles, et les graines sont comme appliquées sur la paroi intérieure de la capsule, qui n'offre qu'une cavité. On dit alors que le fruit est à une seule loge et que les graines sont *pariétales* (ex. : la violette, le réséda.)

Enfin il peut arriver que les parties rentrantes n'atteignent le centre que dans le bas du fruit et en restent éloignées vers le sommet. Dans ce cas les graines sont placées au centre et à la base du fruit, et la capsule paraît uniloculaire, au moins dans sa partie supérieure; cela vient de ce que les carpelles qui, à l'époque de la fécondation, étaient de la longueur du placenta, se sont allongés ensuite de manière à isoler plus ou moins le placenta ainsi que les cloisons. On dit alors que le placenta est central.

Modifications produites par soudure des carpelles avec les organes voisins. La figure réelle du fruit peut être masquée par certains organes propres à la floraison, qui persistent autour de lui, et même y adhèrent au point d'en faire partie, au moins en apparence. Ainsi, le réceptacle forme quelquefois un godet membraneux qui enveloppe les carpelles, comme dans l'oranger ; le calice peut adhérer à l'ovaire et faire corps avec lui, comme dans les poiriers et les néfliers; on aperçoit souvent alors au sommet du fruit les restes du limbe ou de la partie libre du calice, qui persiste et forme une sorte de couronne : la partie nue de l'ovaire, bordée par cette couronne, est ce qu'on appelle l'*œil* (ex. : la poire). Dans ces fruits, le tube du calice peut se transformer en chair, aussi bien que le péricarpe des carpelles. La partie libre du calice, qui persiste au sommet du fruit, peut quelquefois se diviser en une multitude de petites écailles en forme de poils, dont l'ensemble compose une *aigrette*. Par exemple, le fruit de la chicorée, du pissenlit, et généralement des synanthérées, est un akène surmonté d'une aigrette (fig. 7, pl. 10). Les poils qui forment l'aigrette sont tantôt simples et libres entre eux, et l'on dit alors que l'aigrette est *poilue*; tantôt soudés irrégulièrement ensemble, et l'on dit que l'aigrette est *rameuse* ; tantôt munis latéralement de barbes allongées, et alors l'aigrette est *plumeuse*.

Dans beaucoup de plantes, le calice, sans être rigoureusement adhérent aux ovaires, peut les envelopper ou les recouvrir de si près, qu'il semble faire partie intégrante du fruit. Ainsi, par exemple, dans les rosiers, les carpelles sont épars dans une espèce de godet que forme le tube du calice, en se dilatant et se resserrant ensuite vers son orifice. D'abord ils n'adhèrent avec lui que par leur base ; mais après la floraison, le calice se développe, devient charnu intérieurement et enveloppe comme d'une sorte de pulpe les différens carpelles qui sont de véritables cariopses.

Lorsqu'un fruit est entièrement caché par un calice persistant qui n'adhère point avec lui, on dit seulement que le fruit est *couvert;* s'il n'est caché qu'en partie par un calice persistant et non adhérent, on dit simplement qu'il est *voilé.*

Un fruit peut aussi être recouvert par des parties situées hors des fleurs, telles que les bractées ou les involucres. Par exemple, l'involucre foliacé de la noisette semble faire partie de ce fruit; le gland du chêne est en partie recouvert d'une sorte de cupule qui n'est qu'un involucre formé par la soudure d'un grand nombre de petites bractées. Enfin les pédoncules eux-mêmes et les réceptacles se dilatent quelquefois après la floraison, deviennent charnus et semblent former le véritable fruit.

Nous venons d'examiner les principales modifications que peuvent offrir les fruits, en apparence simples, qui proviennent de la soudure des carpelles d'une même fleur. Il nous reste à faire connaître plus particulièrement quelques-uns des fruits qui appartiennent à cette classe, et qui ont reçu des noms particuliers. On peut les partager en deux sections d'après leur consistance sèche ou charnue.

1°. *Fruits secs* ou *capsulaires*. La *silique* est un fruit provenant de la soudure de deux carpelles : elle est formée de deux valves appliquées l'une contre l'autre et séparées par une cloison longitudinale ; les graines forment dans chaque loge deux séries distinctes le long des deux sutures (fig. 2, pl. 10). Ce fruit est propre à la famille des Crucifères. Quand il est très-allongé, c'est une silique proprement dite, fig. 2 ; quand il est court et qu'il a une largeur notable, eu égard à sa longueur, c'est une *silicule*, fig. 3.

On nomme *capsules* tous les fruits secs multivalves ou multiloculaires, qui n'ont pas reçu de noms particuliers.

La *nuculaine* est un fruit charnu provenant de carpelles non adhérens, et renfermant dans son intérieur plusieurs petits noyaux, qui portent le nom d'*osselets* ou de *nucules*, tels sont les fruits du sureau et du lierre.

2°. *Fruits charnus ou pulpeux*. La *pomme* est un fruit charnu, couronné par les lobes du calice, lequel s'est épaissi et est devenu partie du péricarpe. Il renferme plusieurs loges distinctes et revêtues chacune d'une tunique propre, qui est un endocarpe osseux ou membraneux (fig. 6, pl. 10). On distingue la pomme *à pépins*, dont les loges sont formées de valves membraneuses, comme le fruit du poirier, du pommier, et la pomme *à osselets* ou *nucules*, dont les loges sont ligneuses, comme dans le fruit du néflier.

Le *pépon* est un fruit charnu, dont les loges sont écartées de l'axe et placées près de la circonférence, qui est beaucoup plus dure que le centre, lequel est presque vide. Ce fruit semble offrir dans le centre une seule loge aux parois de laquelle les graines sont attachées. Tel est le fruit du melon et du potiron.

On nomme *baies* tous les fruits charnus et sans noyaux, qui n'offrent point de loges distinctes, et dont les graines sont placées au milieu d'une pulpe. Par exemple, le raisin, la groseille. Il faut distinguer dans les fruits succulens, la *pulpe* qui peut se trouver dans l'intérieur des loges, de la *chair* qui se trouve toujours en dehors, et n'est que le développement du mésocarpe.

III. Fruits multiples.

Les fruits multiples sont ceux qui résultent de la réunion de plusieurs fruits simples provenant de carpelles naturellement isolés dans une même fleur.

Ainsi, deux akènes réunis forment le fruit des Ombellifères; plusieurs coques réunies forment le fruit des Renoncules; des follicules réunis constituent celui des Apocynées; de petites drupes groupées sur un axe commun et charnu forment le fruit de la ronce, de la fraise ou de la framboise.

IV. Fruits agrégés.

On donne ce nom aux fruits qui sont formés par la réunion intime ou apparente de petits fruits provenant de fleurs distinctes, mais placées très-près les unes des autres.

La *figue* est une sorte d'involucre charnu dont le sommet est à peine ouvert, et qui est tapissé intérieurement de petites drupes ou cariopses provenant d'autant de fleurs femelles.

Les fruits du mûrier, de l'ananas, de l'arbre à pain (fig. 1, pl. 16) se composent de plusieurs fruits simples soudés en un seul corps par l'intermédiaire de leurs enveloppes florales, succulentes et entregreffées, de manière à représenter une baie mamelonnée.

Le *cône* est formé par le rapprochement en une seule masse conique de bractées, considérablement accrues et épaissies, qui cachent dans leur aisselle des utricules membraneuses. Il provient d'un assemblage de fleurs disposées en chaton. Tel est le fruit du pin, du sapin, du bouleau, etc., et en général des végétaux appelés *Conifères*.

DE LA GRAINE.

La *graine* ou *semence* est cette portion du fruit qui se trouve contenue dans la cavité du péricarpe, et qui renferme elle-même l'embryon ou le rudiment d'une plante nouvelle. On distingue d'abord dans une graine deux parties essentielles : des tégumens propres dont l'ensemble constitue l'*épisperme*, et une *amande* ou une sorte de noyau recouvert par ces tégumens. Outre ces organes essentiels, on distingue encore quelquefois des enveloppes extérieures ou accessoires; mais elles appartiennent plutôt au péricarpe qu'à la graine. Tel est, par exemple, l'*arille*, qui n'est qu'une expansion du funicule ou cordon ombilical à l'état membraneux ou charnu, et qui recouvre certaines graines en tout ou en partie.

Les tégumens propres de la graine sont au nombre de deux : le test ou *testa*, qui est une membrane extérieure ordinairement lisse, épaisse et quelquefois dure et solide, et le *tegmen* ou la tunique interne, qui est beaucoup plus mince. Le lieu où le cordon ombilical s'attache à la graine et perce le test pour aller chercher l'embryon, se nomme *cicatricule externe* ou *ombilic;* l'embryon n'étant pas toujours placé directement devant l'ombilic, les vaisseaux nourriciers qui forment le cordon ombilical rampent entre les deux tuniques et vont percer la tunique intérieure dans un autre point plus ou moins distant du premier, et appelé *cicatricule interne* ou *chalaze*. La proéminence en forme de cordon, qui est l'indice de la communication vasculaire établie entre l'ombilic et la chalaze, est ce qu'on nomme le *raphé*.

Le côté de la graine où est l'ombilic est celui que l'on considère comme la base, et le côté opposé est regardé comme le sommet. La position de l'ombilic et celle de la chalaze sont susceptibles de varier. Une graine est dite *dressée*, quand son ombilic est placé du côté de la base du fruit ; elle est *renversée*, quand l'ombilic est placé à la partie supérieure du fruit ; *horizontale*, quand l'ombilic est placé du côté de l'axe du fruit. La chalaze est tantôt près de l'ombilic, tantôt sur le côté de la graine, et tantôt à son sommet.

Si nous examinons maintenant l'*amande* ou le noyau d'une graine mûre, nous y distinguerons deux parties : le *périsperme* (ou l'albumen) et l'*embryon* (ou la plantule). la première partie peut manquer ; la seconde seule est constante et par conséquent essentielle. L'embryon est un être organisé, une petite plante en miniature qui, par la germination, doit s'accroître et se développer. Le périsperme au contraire est une masse de tissu cellulaire, quelquefois dure et cornée (comme dans le café), quelquefois charnue et molle (comme dans le ricin), d'autres fois sèche et farineuse (comme dans le blé), qui n'adhère pas avec l'embryon, et qui, par la germination, se fane et diminue ordinairement de volume au lieu d'en acquérir.

L'embryon est composé de trois parties : la radicule, la plumule et les cotylédons. La *radicule* est la partie de l'embryon qui est dirigée vers l'extérieur de la graine, et qui, à la germination, sort la première et tend à descendre pour former la racine de la nouvelle plante. La *plumule* est la partie de l'embryon qui, dans la graine, est dirigée vers le centre, et qui, à sa sortie, tend à monter, pour former la tige de la nouvelle plante. Elle contient le rudiment des organes qui doivent se développer à l'extérieur. On y distingue quelquefois deux parties : une *tigelle* ou petite tige faisant suite à la radicule, et une *gemmule* ou petit bourgeon formé par les rudimens des feuilles qu'on nomme *primordiales*. Les *cotylédons* sont les rudimens des premières feuilles de l'embryon, déjà visibles dans la graine ; ils sont insérés latéralement au point où naît la gemmule ; ils diffèrent constamment de forme, de consistance et d'aspect avec les véritables feuilles de la plante. Tant qu'ils restent renfermés dans les tégumens ou cachés sous terre, ils sont étiolés ; mais aussitôt qu'ils éprouvent le contact de l'air et de la lu-

mière, ils grandissent, deviennent planes, foliacés, se co-
lorent en vert et prennent alors le nom de *feuilles séminales*. On remarque qu'en général les cotylédons sont
épais et charnus dans les graines sans périsperme, et,
au contraire, minces et foliacés dans celles qui ont un
périsperme.

La situation de l'embryon est *droite*, lorsque la radicule est du côté de la base de la graine ; *inverse*, quand la
radicule est du côté du sommet. Lorsqu'il existe un périsperme, l'embryon peut offrir à son égard des positions
différentes. Tantôt il est *central*, c'est-à-dire renfermé
dans l'intérieur du périsperme qui l'enveloppe de toutes
parts ; tantôt il est *latéral* ou placé sur le côté du périsperme ; quelquefois enfin il enveloppe celui-ci d'une manière plus ou moins complète.

L'embryon étant l'organe le plus essentiel d'un végétal, les caractères qu'il fournit au botaniste sont les
plus constans et les plus importans ; aussi est-ce sur la
structure ou la composition de l'embryon que sont fondées les grandes divisions du règne végétal. Elles reposent principalement sur le nombre et la disposition des
cotylédons. Les plantes *dicotylédones* sont celles dont les
graines sont munies de deux cotylédons opposés (ou
bien, mais très-rarement, de plus de deux cotylédons
verticillés). Les plantes *monocotylédones* sont celles qui
n'ont qu'un seul cotylédon ou qui sont munies, mais très-
rarement, de plusieurs cotylédons alternes.

Les plantes *acotylédones* sont celles dans lesquelles
on n'a point encore observé de cotylédons ni de graines
proprement dites, et qui, par conséquent, ne produisent
point de fleurs.

Dans presque tous les végétaux, les cotylédons sont
portés hors de terre par la germination, et se transforment en feuilles séminales ; cependant il est quelques
plantes dans lesquelles ils ne subissent aucune métamorphose. Ils restent toujours cachés sous terre où ils se
flétrissent. Dans l'un et l'autre cas, les cotylédons meurent
toujours peu après la germination.

DES FONCTIONS QUI CONSTITUENT LA VIE VÉGÉTALE.

Nous venons d'étudier les principaux organes dont se composent les végétaux vasculaires : jetons maintenant un coup d'œil rapide sur les actions que ces organes exercent tant les uns sur les autres que sur le monde extérieur ; connaissant le but pour lequel chacun d'eux a été créé et le rôle qu'il doit remplir, nous nous ferons une idée plus juste des modifications dont chacun d'eux est susceptible, et nous saisirons mieux les rapports qui règlent les formes des différentes parties d'un même végétal, d'après les circonstances favorables ou défavorables au milieu desquelles il doit vivre. Nous allons donc parcourir successivement les diverses périodes de la vie végétale, depuis l'époque de la germination ou de la naissance de la plante, jusqu'à celle de la dissémination des graines.

La *germination* est l'acte par lequel une graine fécondée et mûre, mise dans des conditions convenables, se développe et reproduit une plante semblable à celle dont elle est provenue. Pour qu'une graine puisse germer, il lui faut le contact de l'eau et de l'air et un certain degré de chaleur. La présence de l'eau est indispensable à la germination : elle ramollit les enveloppes de la graine, fait gonfler l'embryon et contribue à sa nutrition, soit par elle-même, soit en servant de dissolvant et de véhicule aux autres élémens nutritifs. L'air agit par l'oxigène qu'il contient : il enlève une portion de carbone au périsperme, quand il existe, ou aux cotylédons charnus qui remplacent cet organe, quand il manque, et donne naissance à de l'acide carbonique qui est rejeté au dehors. Par cette soustraction de carbone, la fécule ou matière nutritive qui compose le périsperme ou les cotylédons devient sucrée, laiteuse et soluble, en sorte qu'elle est propre à servir d'aliment à la plantule. Mais l'eau et l'oxigène seraient inutiles pour la germination, s'ils n'étaient favorisés par un certain degré de température. Si la température est assez froide pour geler l'eau, ou assez chaude pour l'évaporer entièrement, la germination est impossible. La chaleur paraît agir comme stimulant, probablement en distendant les tissus végétaux. La lumière au contraire n'a aucune action favorable sur la germination et paraît même la retarder : cela tient à ce que l'effet de cet agent sur les végétaux est de favoriser la décomposition de l'acide carbonique pour y fixer le carbone, ce qui est le contraire de ce qui a lieu dans la germination, où il y a soustraction de carbone et production d'acide carbonique.

C'est presque toujours dans la terre que sont placées les graines pour germer : le sol n'est cependant pas nécessaire à la germination, car il est des graines qui germent dans le fruit même, ou qui se développent dans l'air, sur des éponges imbibées d'eau. Mais la terre favorise la germination, en fournissant à la jeune plante l'eau, l'air et la chaleur, en la mettant à l'abri de la lumière et en lui servant de support et d'appui.

Dès qu'une graine se trouve placée dans les conditions convenables pour la germination, elle absorbe de l'humidité et se gonfle ; ses enveloppes se ramollissent et ne tardent point à se rompre ; la radicule s'allonge la première et se dirige vers l'intérieur de la terre. La plumule se redresse, s'allonge aussi, mais pour se porter vers la superficie de la terre et se montrer à l'air libre. Les cotylédons s'étalent et tantôt s'élèvent au-dessus du sol, tantôt restent cachés sous terre : après avoir fourni des alimens à la plantule, ils se flétrissent, tombent ou se détruisent. Alors la germination est achevée, et la petite plante ne s'accroît plus qu'en puisant sa nourriture dans le sol et dans l'air, à l'aide de sa racine et de ses feuilles.

Quant au rôle que jouent les différentes parties de la graine pendant l'acte de la germination, nous nous bornerons à dire que les enveloppes servent à protéger les cotylédons de la trop grande humidité et de la décomposition, et à diriger le fluide aqueux vers la radicule ; que le périsperme fournit à la plantule sa première nourriture, et que les cotylédons sont destinés à remplir des fonctions analogues ; aussi est-ce pour cette raison que Bonnet les appelait les *mamelles végétales*.

Lorsque la jeune plante est développée par suite de

la germination, elle puise alors dans le sol ou dans l'air les matériaux nécessaires à son développement ultérieur, et se les assimile, c'est-à-dire les transforme en sa propre substance. Cette grande fonction, qui caractérise une seconde époque dans la vie du végétal, est connue sous le nom de *nutrition* : elle comprend un certain nombre de fonctions secondaires, qui établissent autant de périodes distinctes dans cette partie de la vie. 1°. Le végétal tire ses alimens de la terre (*absorption* ou *succion* des liquides par les racines); 2°. ces alimens sont charriés depuis les racines jusqu'aux feuilles (*circulation* ou *marche de la séve ascendante*); 3° la partie inutile à la nutrition est chassée au dehors (*transpiration*), 4° l'air extérieur agit sur la séve; et une partie de cet air se combine avec elle (*inspiration* et *expiration* des gaz; élaboration de la séve); 5° la séve changée en nouveaux sucs redescend des feuilles aux racines, et nourrit toutes les parties de la plante (*marche de la séve descendante et accroissement* du végétal); 6° la petite quantité de ces sucs qui est inutile à la nutrition en est séparée pour des usages particuliers ou pour être rejetée au-dehors (*sécrétions* et *excrétions*).

Nous avons déjà dit que c'est par les extrémités de leurs fibres les plus déliées que les racines absorbent dans l'intérieur de la terre les matériaux qui doivent servir à nourrir le végétal. Aucune molécule nutritive n'arrive dans la plante, à moins d'être dissoute ou du moins charriée par l'eau. Or, tous les tissus végétaux ont la propriété d'attirer l'eau avec force jusqu'à ce qu'ils soient pour ainsi dire en équilibre d'humidité avec les corps qui les environnent. Cette action des végétaux est connue sous le nom de *succion*. Les feuilles plongées dans une atmosphère humide absorbent l'eau, principalement par leur face inférieure. Toutes les parties vertes des plantes jouissent de la même faculté; mais c'est surtout dans les racines que cette force de succion est la plus considérable. Aussi est-ce la terre qui fournit le plus abondamment à la nourriture de la plupart des plantes. Cependant il en est qui végètent très-bien dans un sol aride et qui ont de faibles racines; celles-là se nourrissent presque exclusivement aux dépens de l'humidité atmosphérique qu'elles absorbent par toutes leurs parties aériennes; c'est ce qu'on remarque surtout dans les plantes grasses ou à feuilles épaisses et charnues. Les substances nutritives que l'eau sert à introduire dans les végétaux sont l'acide carbonique, les élémens de l'air, et différentes combinaisons salines, terreuses et métalliques.

Puisque la plus grande partie de la nourriture des plantes est absorbée par les racines et par les feuilles à l'état de dissolution dans l'eau , il doit exister dans l'intérieur du tissu végétal un liquide particulier en mouvement et destiné à porter cette nourriture dans toutes les parties de la plante. Ce liquide , qui est transparent et incolore, porte le nom de *séve* ou de *lymphe*. Celle qui est aspirée par les racines, et qui est de beaucoup la plus abondante, tend continuellement à monter par le corps ligneux , et en particulier par la partie voisine du canal médullaire ; cette ascension de la séve a lieu avec une force considérable ; mais il est des circonstances et des époques déterminées où la vitesse et la quantité de la séve augmentent d'une manière sensible. En général la chaleur accélère son mouvement , tandis que le froid le ralentit. Dans les plantes vivaces , c'est à l'entrée du printemps , et avant la naissance d'aucune feuille, qu'a lieu la première augmentation de la séve ascendante , ou ce qu'on nomme la *séve du printemps*. A cette époque, les plantes ligneuses tirent du sol une quantité d'eau considérable, qui se mélange avec le fluide nourricier dont alors toutes leurs parties sont gorgées; cette séve particulière est très-abondante dans certains arbres, comme la vigne, où elle a reçu le nom de *pleurs*. La seconde époque où la séve augmente d'une manière très-sensible , dans nos climats, a lieu vers le mois d'août : aussi les cultivateurs la nomment-ils la *séve d'août*. Il est à remarquer que la séve du printemps correspond à l'époque où les boutons de l'année précédente tendent à se développer , et celle d'août à l'époque où les boutons de l'année suivante commencent à poindre ; comme si ces boutons, dont le développement n'est dû qu'à l'afflux de la séve, attiraient à eux ce fluide nourricier, et par là activaient son ascension. La séve, en même temps qu'elle est sollicitée à monter par l'intérieur de l'arbre, tend à se répandre de proche en proche dans les couches extérieures, et cela d'autant plus que son mouvement ascensionnel est plus ralenti. Lorsque la séve est parvenue vers les extrémités des branches, elle se répand dans les feuilles où elle éprouve par l'action de l'air et de la lumière des modifications remarquables, se transforme en un nouveau suc nourricier, qui descend des feuilles vers les racines à travers l'écorce. C'est ce qu'on nomme le *cambium* ou la *séve descendante*. Mais avant d'étudier la marche et les usages de ce nouveau suc, auquel donne lieu la séve ascendante par son élaboration dans les feuilles, disons quelques mots des changemens que cette séve y a subis sous l'influence de l'air, de la chaleur et de la lumière.

Le premier effet que la séve éprouve, lorsque parvenue dans les parties foliacées de la plante, elle se trouve en contact presque immédiat avec l'atmosphère, c'est de perdre sous forme de vapeur la plus grande partie de l'eau qui a servi de véhicule aux substances nutritives qu'elle contient. Ce phénomène est connu sous le nom de *transpiration*. Lorsque la transpiration est modérée, chaque gouttelette d'eau qui arrive à la superficie de la feuille s'évapore entièrement, et la transpiration est insensible; mais s'il arrive une trop grande quantité de liquide à la surface de la feuille, l'évaporation ne peut plus avoir lieu subitement, et l'on voit alors ce liquide suinter sous forme de gouttes extrêmement petites à la sommité de la feuille et surtout à l'extrémité des nervures: ces gouttes, remarquables par leur limpidité, se réunissent souvent plusieurs ensemble, et deviennent alors d'un volume très-apparent. Une quantité d'eau assez notable s'amasse ainsi à la surface des feuilles de chou, de pavot. Elle n'est pas produite par la rosée; car elle se forme encore lorsqu'on intercepte toute communication de la plante avec l'air ambiant, en la recouvrant d'une cloche, et avec la surface de la terre, en appliquant sur celle-ci une plaque de plomb percée dans son milieu pour laisser passer la tige.

Le second effet consiste dans le résultat des actions de l'atmosphère sur toutes les parties vertes des plantes, et principalement sur les feuilles. Pendant la nuit, les feuilles absorbent ou *inspirent* de l'oxigène, lequel se porte sur le carbone qui est entré dans la séve ascendante à l'état de matière soluble, végétale ou animale, et le transforme en acide carbonique soluble, qui s'incorpore alors à la séve descendante. Pendant le jour, les feuilles absorbent de l'acide carbonique, et *exspirent* de l'oxigène: cet oxigène provient de la décomposition dans le parenchyme des feuilles, et par l'effet de la lumière solaire, de l'acide carbonique, tant de celui qui est absorbé directement par la plante que de celui qui s'est formé pendant la nuit aux dépens de l'oxigène de l'air; le carbone devenu libre dans le suc descendant est susceptible alors d'être fixé immédiatement dans le végétal, et la plus grande partie de l'oxigène qui provient de cette décomposition est rejeté au-dehors. La couleur verte des plantes paraît provenir de la décomposition de l'acide carbonique et de la fixation du carbone, et comme cet effet n'a lieu que par l'intermédiaire de la lumière on voit que celle-ci a une grande influence sur la coloration et sur la nutrition des végétaux. Les plantes qui se développent à l'obscurité *s'étiolent*, c'est-à-dire deviennent blanches et sont plus grêles, plus aqueuses et plus allongées qu'elles ne le seraient, si elles étaient exposées à la lumière solaire.

Les végétaux vicient l'air dans lequel ils vivent, parce que leurs parties vertes inspirent pendant la nuit une certaine quantité d'oxigène, qu'elles ne rendent pas complètement pendant le jour, et parce que les parties qui ne sont pas vertes forment de l'acide carbonique aux dépens de leur propre substance. D'un autre côté, les végétaux purifient l'air en décomposant l'acide carbonique formé aux dépens de leur substance, et celui qui leur arrive dissous dans l'air ou dans l'eau. L'effet total de la végétation consistant visiblement dans une augmentation de la masse de carbone fixé dans les plantes, et le carbone n'y arrivant que par la décomposition de l'acide carbonique de l'air, il est clair que les végétaux vivaces, considérés en général, tendent à diminuer la quantité d'acide carbonique de l'atmosphère et à augmenter celle de l'oxigène. Mais la respiration des animaux et la combustion tendant à produire un effet tout contraire, il en résulte des proportions de ces gaz sensiblement permanentes dans l'air atmosphérique.

La séve ou la lymphe, après avoir été élaborée dans les feuilles par l'action de l'air et de la lumière, est devenue propre à s'assimiler aux diverses parties du végétal, et par conséquent à servir immédiatement à leur nutrition. Elle forme alors ce que l'on a nommé le *suc nourricier*, *la vraie séve* ou *séve descendante*. Son principal mouvement est en sens inverse de celui de la lymphe, c'est-à-dire qu'elle tend à descendre, ou se dirige des feuilles vers les racines. On s'assure de cette direction en faisant au tronc d'un arbre dicotylédon une forte ligature ou une section transversale. On voit alors que les sucs ne peuvent redescendre, et que s'accumulant au-dessus de la ligature, ils y forment un bourrelet circulaire qui devient de plus en plus saillant. On remarque de plus que la partie du tronc située au-dessous de la ligature cesse de s'accroître, et qu'aucune couche circulaire nouvelle ne s'ajoute à celles qui existaient déjà, parce que le suc nourricier ne peut y parvenir. Ce fait prouve donc que c'est à la séve descendante qu'est dû l'accroissement du végétal. Cette séve circule principalement dans les parties de la tige, où s'opèrent de nouvelles couches, c'est-à-dire le long de l'écorce et de l'aubier. Elle recouvre la surface interne de l'une et la surface externe de l'autre, d'une couche de liquide, qui devient de plus en plus visqueux et prend alors le nom de *cambium*. Bientôt les linéamens de l'organisation apparaissent dans ce liquide, et il se forme de nouvelles fibres qui prennent de la consistance ; c'est ainsi que croissent en diamètre les tiges de nos arbres.

La séve descendante n'est pas de la même nature dans

tous les végétaux. Il en est dans lesquels elle forme un suc blanc et laiteux, comme dans les euphorbes; dans d'autres, c'est un suc jaunâtre, comme dans les pavots. Dans les Conifères, elle est plus ou moins résineuse.

Le suc descendant ne sert pas seulement à la nutrition: il fournit encore différentes matières qui sont *sécrétées* ou séparées de sa masse, et élaborées ensuite par des organes particuliers. La plupart de ces matières sont ensuite rejetées au dehors et constituent ce que l'on nomme les *déjections* ou *excrétions* des plantes. La nature de ces matières est très-variée. Ce sont tantôt des substances gazeuses, comme les huiles volatiles qui produisent les odeurs des plantes ; tantôt des fluides plus ou moins épais, susceptibles quelquefois de se condenser et de se solidifier, telles sont les transsudations de gommes, de résines, de manne, de caoutchouc qu'on tire de certains arbres ; les matières sucrées, les huiles fixes, la cire, les sucs acides, etc. Ainsi la fraxinelle émet, à la fin des beaux jours de l'été, une vapeur qui s'enflamme lorsqu'on en approche une lumière; quelques espèces de frênes laissent suinter un liquide épais et sucré, qui par l'action de l'air se concrète et forme la manne; les pins, les sapins, et en général tous les arbres de la famille des Conifères, fournissent des quantités considérables de matières résineuses; beaucoup de végétaux donnent une grande quantité de cire, etc. [1]

---

[1] Tous ces faits nous démontrent qu'il existe dans l'intérieur des végétaux un grand nombre de sucs, ou de matières particulières, qui proviennent de l'élaboration de la séve, et qu'on peut obtenir par une analyse chimique, telles qu'elles existaient pendant la vie. Ces matières, dont quelques-unes ont, après leur extraction, les propriétés générales des substances inorganiques, sont composées de carbone, d'oxigène et d'hydrogène, dans des proportions différentes; et plusieurs renferment en outre de l'azote : on les regarde comme les matériaux constituans ou les principes immédiats des végétaux. Nous citerons ici les plus remarquables et les plus importantes par leurs usages.

Les *huiles fixes* sont des substances combustibles, insolubles dans l'eau, et formant des savons avec les alcalis. On les trouve

DE LA REPRODUCTION.

On nomme *reproduction* la fonction par laquelle un

dans les fruits et principalement dans les graines de plusieurs plantes ; on les divise en *huiles grasses* qui s'épaississent à l'air, et deviennent opaques (comme celles d'olive, d'amande douce, de Faîne, de Colza, etc.), et en *huiles siccatives*, qui se dessèchent sans perdre leur transparence, à la manière des vernis (comme celles de lin, de noix, de pavot ou d'œillette, de chenevis, etc.). La *cire* des végétaux, analogue à celle des abeilles, ne diffère d'une huile fixe qu'en ce qu'elle est solide à la température ordinaire ; elle se montre sur les prunes, les oranges, les feuilles de chou, etc., en poussière glauque, très-fine ; sur le fruit du cirier, et le tronc de certains palmiers, en couche épaisse : elle sert à préserver les végétaux de l'action nuisible de l'humidité. Le beurre de cacao est encore une substance du même genre, une sorte d'huile concrète d'un blanc-jaunâtre, que l'on obtient de l'amande du cacaoyer : les *huiles volatiles* sont beaucoup plus répandues que les huiles fixes, et se rencontrent dans toutes les parties des plantes. Elles ressemblent aux huiles, mais s'en distinguent par une odeur forte, une légère solubilité dans l'eau, et par la propriété de se volatiliser sans décomposition (ex. : huile de térébenthine). On les emploie dans la peinture ou comme parfums. La plupart des matières odorantes ou des *aromes* sont dues à ces huiles volatilisées ; on en trouve dans l'écorce de la canelle, dans les feuilles des labiées, dans les enveloppes du fruit des citrons et des oranges. Le *camphre* a beaucoup d'analogie avec les huiles volatiles, c'est une matière solide, incolore, transparente, très-odorante et très-inflammable ; on l'obtient par la distillation du bois de certaines espèces de laurier. Les *résines* composent un genre de substances qui ont pour caractères communs d'être sèches, cassantes, insolubles dans l'eau, solubles dans l'esprit de vin, susceptibles de se ramollir à une faible chaleur, et très-inflammables. Les résines mêlées à des huiles volatiles et à l'acide qu'on trouve dans le benjoin (acide benzoïque) forment les *baumes*, substances odorantes et inflammables. Le nombre des résines et des baumes est très-considérable ; nous citerons parmi les premières : le goudron et la poix, la colophane, le mastic, le sang-dragon, la sandaraque, la résine copale, la résine élémi ; parmi les baumes, le benjoin, le storax, le baume de la Mecque, celui du Pérou, de Tolu, etc. Les *gommes* composent un genre de substances qui ont pour caractères communs d'être solides, sans odeur ni saveur, insolubles dans l'esprit de vin, et de végétal produit des êtres parfaitement semblables à lui-même, qui doivent renouveler et perpétuer son espèce.

Il existe dans les végétaux deux modes de reproduction très-différens : la reproduction sans fécondation et

former avec l'eau une certaine viscosité, appelée *mucilage*. On les observe dans diverses parties des végétaux, telles que les graines, les écorces, les racines ; les plus remarquables sont la gomme arabique et la gomme adragante. Les *gommes-résines* sont des mélanges de substances gommeuses et de substances résineuses : elles participent des propriétés des unes et des autres, car elles sont en partie solubles dans l'esprit de vin, et en partie dans l'eau ; telles sont l'assafétida, la gomme ammoniaque, l'aloës et la gomme-gutte. Le *caoutchouc* ou gomme-élastique, qui découle en suc laiteux de plusieurs arbres de la zône équatoriale, n'est ni une résine, ni une gomme ; c'est une matière particulière, qui est insoluble dans l'eau et dans l'esprit de vin, qui se coagule à l'air, brunit, prend l'apparence du cuir, et acquiert une prodigieuse élasticité. Elle est fusible et très-combustible. Les *sucres* sont des substances douées d'une saveur douce, et solubles dans l'eau et dans l'esprit de vin ; on les rencontre dans des parties très-différentes des végétaux, telles que les fleurs, les fruits, les racines, les tiges. On en distingue plusieurs espèces, parmi lesquelles sont le sucre de canne, et le sucre de raisin. Le sucre de canne est le sucre ordinaire, que l'on extrait par expression de la canne ; les sucres de betterave, de châtaigne, d'érable, sont absolument les mêmes que celui de canne. Lorsque ce sucre est bien pur, il cristallise d'une manière régulière, et forme alors le *sucre candi*. Le sucre de raisin, qu'on extrait du raisin, de la groseille, de l'abricot, de la figue, a une saveur fraîche que n'a pas le sucre de canne, et se moisit facilement, quand il est dissous dans l'eau. La *manne* est une substance sucrée, très-gommeuse, qui suinte des feuilles du mélèze, et du frêne à fleur. L'*amidon* ou la *fécule* est une matière organique que l'on extrait par la trituration dans l'eau des racines, tubercules et tiges de différentes plantes, et principalement des graines des céréales. Elle se dépose au fond de l'eau sous la forme d'une poudre blanche brillante, sans saveur ni odeur ; elle forme avec l'eau bouillante un mucilage, et si l'on évapore la dissolution, elle se prend par le refroidissement en une sorte de gelée qu'on nomme *empois*. Les plantes renferment des principes acides, et d'autres qui jouissent des propriétés alcalines. Les acides végétaux les plus remarquables sont l'*acide acétique*, ou vinaigre pur, fourni par la fermentation des liqueurs vineuses et la distillation du bois ; les *acides malique* et *citrique*, que l'on extrait des la reproduction par fécondation. Nous avons vu page 254, que les végétaux pouvaient se multiplier à l'aide de germes, qui prennent naissance dans tous les points de leur surface et se développent d'eux-mêmes ou par l'action des seules forces nutritives, quand ils se trouvent dans des conditions convenables. C'est là le principe de la reproduction des végétaux par *bouture*. Une bouture est une partie d'un végétal, qui après avoir vécu pour ainsi dire greffée sur la plante-mère, s'en sépare et continue de vivre, mais d'une manière indépendante. C'est en quelque sorte une continuation du même être; aussi elle le reproduit avec toutes les particularités qui lui sont propres, et loin de changer la nature de l'espèce, elle conserve de l'individu jusqu'à la moindre variété. Parmi les reproductions par boutures, on peut distinguer celles qui s'opèrent naturellement, comme la séparation

fruits, et particulièrement des pommes, des citrons; l'*acide oxalique*, que l'on trouve dans les feuilles de l'oseille, à l'état de combinaison avec la potasse : il constitue alors le sel d'oseille, dont on se sert pour enlever les taches d'encre et de rouille de dessus le linge; l'*acide tartarique*, que l'on trouve à l'état libre dans la pulpe de certains fruits, et à l'état de combinaison avec la potasse dans le jus de raisin, où il constitue la crème de tartre; l'*acide prussique*, que l'on peut extraire des amandes amères, et de celles de la pêche, de l'abricot, de la prune, de la cerise, etc. C'est un poison très-actif, il forme avec les sels oxigénés de fer, le *bleu de prusse;* l'*acide gallique*, qui produit une couleur noire avec l'oxide rouge de fer : on le trouve dans la noix de galle et la plupart des écorces d'arbre; il communique la propriété astringente à la plupart des substances végétales qui le contiennent, entre autres au tannin, dont on se sert pour préparer les cuirs. Parmi les substances alcalines, nous citerons la *morphine*, qui est contenue dans l'opium, c'est-à-dire dans le suc extrait du pavot somnifère : les sels qu'elle forme avec les acides, et principalement avec l'acide acétique, sont des poisons très-dangereux; la *quinine*, que l'on extrait du quinquina jaune, et qui est la partie active de ce quinquina, etc. Enfin les plantes contiennent encore diverses matières colorantes, que l'on trouve tantôt dans les racines (le rouge de garance, le jaune de curcuma), tantôt dans les tiges (l'hématine ou principe colorant du bois de campêche, le rouge du bois de Brésil), tantôt dans les feuilles (l'indigo du pastel), tantôt enfin dans les fleurs (le rouge du carthame, le jaune de la gaude).

des bulbilles et des bulbes ou tubercules; et celles qui n'ont lieu qu'artificiellement, avec l'intervention d'une force étrangère. Nous dirons quelques mots ici de ces modes artificiels de reproduction. Nous avons vu que lorsqu'une cause quelconque ralentissait dans un lieu déterminé le mouvement de la séve descendante ou en augmentait la quantité, il se développait vers ce point de l'écorce des germes, qui apparaissaient sous la forme de *boutons*, et dont les uns produisaient des branches, les autres des racines. Par exemple, à l'aisselle de toutes les feuilles, la séve se trouve un peu retardée dans sa marche, et il s'y développe naturellement un bouton, lequel se change en branche. Cette branche peut être considéré comme un individu distinct, qui est né sur un autre individu, auquel il emprunte sa nourriture, mais qui peut en être séparé et se nourrir soit aux dépens du sol dans lequel on l'aura mis, soit aux dépens d'un autre individu sur lequel on l'aura transplanté. C'est là le principe des moyens de multiplication des végétaux, appelés *greffe, bouture, marcotte*, etc.

La *greffe* est une opération qui consiste à transplanter sur un individu, un bouton ou une branche qui a pris naissance sur un autre. Pour qu'elle réussisse il faut faire en sorte que le liber de la greffe coïncide dans la plus grande partie de son étendue avec celui du sujet, c'est-à-dire de l'arbre sur lequel on l'implante; alors la soudure entre les deux écorces s'opère à l'aide du cambium. Une autre condition nécessaire au succès de l'opération, c'est qu'il y ait de l'analogie entre la séve des deux individus; aussi remarque-t on que les plantes de même genre ou de même famille se greffent plus facilement ensemble que celles qui appartiennent à des familles différentes. La greffe est une opération très-utile à l'agriculture : elle sert à conserver et à multiplier des variétés, qui ne pourraient se reproduire au moyen de graines; elle économise le temps en procurant promptement un grand nombre d'arbres, qui se multiplient difficilement par un autre moyen, et en accélérant de plusieurs années la fructification de certains végétaux. La multiplication par *cayeux* ou *tubercules* consiste à enlever et replanter les cayeux ou tubercules, que poussent latéralement les racines ou tiges souterraines des plantes bulbeuses ou tubéreuses. Dans les plantes dont les racines supérieures ou les branches inférieures s'étalent à la surface du sol, ces racines ou ces branches poussent, d'espace en espace, des racines et des feuilles : il suffit encore de séparer ces parties de la plante-mère, pour reproduire un nouvel individu ; on donne à ces productions nouvelles le nom de *rejetons* ou *drageons*.

On nomme *marcotte* une branche quelconque tenant au tronc, dont on entoure de terre l'extrémité, après y avoir pratiqué une ligature ou une section, pour lui faire pousser des racines. On coupe la branche lorsqu'elle est enracinée, et l'on a ainsi un nouvel individu. Si l'on coupe la branche avant de la mettre en terre, on lui donne alors le nom spécial de *bouture*. Les peupliers, les saules, et en général toutes les espèces à bois tendre et à croissance rapide, se multiplient très-facilement par bouture ; il n'en est pas de même des chênes, des pins et sapins, et généralement de tous les arbres à bois dense et résineux.

La reproduction par fécondation, c'est-à-dire par les graines, est le moyen qu'emploie le plus ordinairement la nature, et auquel elle a destiné un appareil ou un ensemble d'organes particuliers, appelés les *organes de la fructification*. Une graine est un germe ou embryon, qui s'est formé sur la plante-mère, qui en a tiré la nourriture pendant quelque temps, et qui ensuite est devenu libre, après avoir été *fécondé*, c'est-à-dire après avoir reçu le principe de la vie ou le pouvoir de se développer dans certaines circonstances, par une opération particulière nommée *fécondation*. La graine qui se sépare de la plante-mère est munie d'enveloppes propres, et d'organes de nutrition ; ce n'est plus, comme la bouture, une continuation du même être ; c'est un être nouveau qui ne ressemble à la plante qui l'a formé que dans les parties essentielles à l'espèce. La reproduction par le moyen des graines comprend cinq périodes, savoir : la *floraison* ou le développement de la fleur ; la *fécondation*, ou l'acte par lequel le pollen de l'étamine, lancé sur le stigmate, va donner la vie aux ovules ou rudimens de graines contenus dans le pistil; la *maturation*, ou le passage de l'ovaire à l'état de fruit parfait; la *dissémination* des graines mûres, et enfin la *germination*, ou le développement de ces graines.

La fleur n'est pas, comme on l'a cru pendant long-temps, un objet de simple parure pour les plantes; elle est d'une utilité réelle relativement à chaque espèce, car elle renferme les organes nécessaires à la production et à la fécondation des graines, savoir : le pistil et l'étamine. Il faut le concours de ces deux organes pour qu'une plante donne des graines mûres et fertiles. En effet l'expérience démontre que toutes les fleurs qui n'ont que des étamines, ne donnent jamais de graines, que toutes celles qui n'ont que des pistils, ne donnent de graines fertiles qu'autant qu'elles ont auprès d'elles des fleurs chargées d'étamines; que si dans une fleur munie d'étamines et d'un pistil, on supprime les étamines, le pistil ne donne point de graines fécondes [1]; et que si au contraire on coupe le pistil, la fleur ne porte aucune graine; enfin, que si l'on répand sur le stigmate d'une fleur privée d'étamine, le pollen d'une fleur d'une autre espèce, mais voisine de la première, on obtient souvent des graines qui produisent des individus mixtes, ou en quelque sorte intermédiaires entre ceux des deux espèces.

Il est donc prouvé que l'ovaire d'une fleur est fécondé quand le pollen des étamines de cette fleur, ou de toute autre appartenant à la même espèce, a été mis en contact avec le stigmate; les ovaires donnent des graines d'où naissent de nouveaux individus parfaitement analogues à ceux qui les ont produites. Les grains de pollen sont de petites vésicules remplies d'un liquide, dans lequel existe une multitude de grains beaucoup plus petits : c'est ce liquide, ou les granules qu'il renferme, que l'on doit regarder comme la véritable substance fécondante.

---

[1] C'est ce qui a lieu pour la vigne ou le blé, lorsqu'il pleut abondamment à l'époque de leur floraison. La pluie entraîne les anthères, et un grand nombre d'ovaires avortent, faute de fécondation. On dit alors vulgairement que la *vigne* ou le *blé coule*.

Ces grains, après s'être échappés des anthères, se fixent
sur le stigmate dont la surface est en général visqueuse
ou couverte de poils; là ils se gonflent, se déchirent. La
liqueur qu'ils contiennent imprègne le stigmate, descend par le style jusqu'à l'ovaire, et la fécondation a
lieu. C'est au moyen de l'air que les grains de pollen
sont portés de l'anthère sur le stigmate; aussi est-ce
dans l'air que s'opère la fécondation, non seulement de
toutes les plantes terrestres, mais encore des plantes
aquatiques, qui presque toutes viennent fleurir à la surface de l'eau, et après la fécondation, redescendent au
fond pour y mûrir leurs fruits. Comme un exemple remarquable de ces dernières, nous citerons la vallisnérie,
plante dioïque, qui est attachée au fond de l'eau et entièrement submergée. Les fleurs femelles sont portées
sur des pédoncules longs de plusieurs pieds et roulés en
tire-bouchon, ce qui leur permet de s'allonger ou de se
resserrer; les fleurs mâles, au contraire, sont portées
sur des pédoncules très-courts. Au temps de la fécondation, les fleurs femelles montent à la surface de l'eau pour
s'épanouir, les fleurs mâles se détachent de leurs pédoncules, viennent pareillement s'ouvrir au-dessus de l'eau,
et se mêler aux fleurs femelles pour les féconder. Bientôt celles-ci sont ramenées au fond de l'eau par leurs
pédoncules, qui rapprochent leurs circonvolutions, et
elles y mûrissent leurs fruits.

Les signes extérieurs de la fécondation dans les plantes sont : l'ouverture des loges des anthères, l'émission du
pollen, le contact de cette poussière avec le stigmate, et
l'écoulement sur cet organe de la liqueur du pollen.

Dans les fleurs hermaphrodites, la proximité des étamines et des pistils, leur position et leur longueur relative, les mouvemens qu'ils doivent exécuter à l'instant
de la fécondation, tout a été calculé par la nature pour
favoriser cet acte important de la vie végétale. Quand les
fleurs sont droites, le stigmate est ordinairement élevé
par le style à la hauteur des anthères, ou bien il reste
un peu au-dessous; lorsque les fleurs sont pendantes, le
style au contraire est toujours plus long que les filets des

étamines. Certaines fleurs s'inclinent ou se relèvent lorsque la fécondation va avoir lieu, afin de disposer pour cet instant les stigmates à recevoir le pollen, qui tombe sur eux par son propre poids. Quand les étamines sont aussi longues que le pistil, les fleurs sont indifféremment dressées ou pendantes. Pour favoriser l'émission du pollen, et sa chute sur le stigmate, les organes fécondateurs exécutent des mouvemens très-remarquables. Souvent les anthères s'ouvrent du côté du pistil avec une sorte d'explosion, et lancent ainsi leur poussière sur cet organe; les étamines s'approchent quelquefois du pistil au moment de l'émission, ou courbent leurs filets pour poser l'anthère sur le stigmate; quelquefois ce sont les pistils qui se penchent du côté des étamines; etc.

Dans les plantes à fleurs unisexuelles, la fécondation paraît soumise à des circonstances bien moins favorables; cependant, malgré la séparation, et souvent l'éloignement des deux organes fructificateurs, la fécondation n'en a pas moins lieu. Dans les plantes monoïques, où les deux sortes de fleurs sont seulement séparées sur le même pied, les fleurs à étamines sont le plus ordinairement placées au-dessus des fleurs pourvues de pistils. Dans les plantes dioïques, les individus à fleurs mâles naissent ordinairement près des individus à fleurs femelles; les fleurs mâles sont bien plus nombreuses que les femelles, et la ténuité de leur pollen permet d'ailleurs au vent de le transporter, même à d'énormes distances; les insectes en volant de fleur en fleur contribuent aussi à ce transport. Enfin, les fleurs femelles sont presque toujours rassemblées en cônes, en chatons ou en petits faisceaux, munis de bractées ou de poils, qui arrêtent et retiennent facilement le pollen. Quelquefois cependant, il arrive que certains pieds de végétaux dioïques, qui croissent loin du pays d'où leur espèce est originaire, et à des distances considérables de tout individu mâle, restent stériles; mais on peut en opérer artificiellement la fécondation. Gledistch possédait à Berlin un palmier femelle, qui chaque année fleurissait sans porter de fruit;

il fit venir de Dresde, par la poste, du pollen d'un palmier mâle, le répandit sur les stigmates du palmier femelle, et celui-ci porta des fruits pour la première fois [1].

Lorsque la fécondation est achevée, les sucs nourriciers qui se portaient également sur toutes les parties de la fleur cessent d'alimenter d'abord les étamines, puis la corolle, et souvent aussi les styles et le calice; ils se jettent tous sur l'ovaire. Les étamines se dessèchent et tombent, la corolle se fane et subit le même sort; il en est de même en général des folioles du calice, du stigmate et du style. L'ovaire seul persiste, se développe et prend alors le nom de *fruit*. Celui-ci commence à grossir, c'est l'époque de la maturation, ou de la fructification proprement dite, qui comprend tout le temps écoulé depuis la fécondation jusqu'à la dissémination des graines. Lorsque le fruit est parvenu à son dernier degré de perfection, il s'ouvre le plus ordinairement, et les graines qu'il renferme rompant les liens qui les retenaient, se dispersent naturellement à la surface de la terre. Ce moment de la dissémination marque le terme de la vie des plantes annuelles, et la suspension de la végétation dans les plantes vivaces. La fécondité des plantes, c'est-à-dire le grand nombre des graines qu'elles produisent, étonne l'imagination; on a compté 2,000 graines sur un seul pied de maïs, 4,000 sur un pied de soleil, 18,000 sur un pied d'orge, 3,200 sur un pied de pavot, et jusqu'à 360,000 sur un seul pied de tabac. La multitude des semences qui se dispersent de toutes parts après la maturation, est si prodigieuse, que, suivant le calcul qui en a été fait, le produit complet d'un terrain de quelques lieues de contour pourrait suffire, au bout de quelques années, pour peupler de végétaux la surface entière du globe.

Mais la nature, sage et prévoyante, a mis des bornes

---

[1] Hérodote rapporte que de son temps les Égyptiens aidaient à la fécondation des dattiers femelles en secouant au-dessus de l'arbre, à l'époque de l'épanouissement, des rameaux chargés de fleurs mâles. Cette pratique est encore en usage de nos jours dans tout l'Orient.

à cette énorme multiplication des végétaux. Une partie seulement de leurs graines parvient à germer, et sert ainsi à assurer la conservation des espèces; une autre partie sert à nourrir les animaux ou à divers usages d'économie. Enfin, une grande quantité périt faute de circonstances favorables à leur développement.

Plusieurs causes tendent à favoriser la dissémination naturelle des graines; parmi ces causes, les unes sont inhérentes à la plante, les autres dépendent uniquement d'agens extérieurs, tels que les vents, les eaux et les animaux de toute espèce. Les premières sont l'élasticité des péricarpes, et la légèreté de la plupart des graines. Dans beaucoup de fruits déhiscens, les valves se séparent subitement avec force, et lancent les graines à des distances plus ou moins considérables. Dans un grand nombre de plantes, les graines sont fines et légères, et peuvent être facilement emportées par les vents; d'autres sont pourvues d'ailes ou de couronnes, qui les rendent plus légères en augmentant leur surface, ou bien sont surmontées d'aigrettes, dont les filets venant à s'écarter, leur servent de leviers pour sortir du péricarpe, et de parachute pour se soutenir dans l'atmosphère. Les fleuves, les courans des mers transportent au loin les fruits des végétaux qui croissent sur leurs bords ou dans leur sein; enfin l'homme et les différens animaux sont encore des moyens de dissémination pour les graines; les unes s'accrochent à leurs vêtemens ou à leurs toisons, à l'aide des crochets dont elles sont pourvues, les autres sont transportées dans les lieux qu'ils habitent, pour leur servir de nourriture, et celles qu'ils ne digèrent pas ou qu'ils abandonnent s'y développent lorsqu'elles se trouvent dans des circonstances favorables. Les oiseaux, les quadrupèdes sont, comme on le sait, de grands consommateurs de graines; mais elles sont trop nombreuses pour qu'ils puissent les dévorer toutes; et d'ailleurs il en est auxquelles ils ne touchent jamais à cause des sucs corrosifs dont leur tissu est rempli, et d'autres qui échappent à leur voracité, à cause de la dureté de leurs enveloppes ou des épines dont elles sont hérissées.

Une graine mûre, qui s'est détachée naturellement de

la plante-mère, forme un être distinct, animé d'une vie qui lui est propre, mais qui reste dans un état de torpeur jusqu'à ce que les circonstances extérieures auxquelles il sera soumis lui permettent de se développer ou d'entrer en *germination*; nous avons dit en quoi consistait ce phénomène qui commence la vie végétale. La surface de la terre est imprégnée de graines qui y sont comme en dépôt, et qui n'attendent pour germer qu'une occasion favorable. Les graines perdent par le temps leur faculté germinative, mais il en est qui la conservent pendant un nombre d'années considérable. Toutes les graines, mises dans des conditions convenables, ne germent pas avec la même rapidité : quelques-unes lèvent au bout de deux ou trois jours ; d'autres en exigent un plus grand nombre, d'autres enfin ne se développent qu'un ou deux ans après avoir été mises en terre.

DE LA CLASSIFICATION DES VÉGÉTAUX.

Nous avons fait remarquer ailleurs [1] l'utilité des classifications ou des méthodes dans toutes les parties de l'histoire naturelle. C'est surtout en botanique, où le nombre des espèces connues s'élève à près de 50,000, que l'on a senti la nécessité de mettre de la précision dans les noms de cette multitude d'objets différens ; de rapprocher les uns des autres ceux qui avaient le plus de ressemblance, et d'en former des groupes, afin de rendre leur comparaison plus facile ; d'assigner à chacun de ces groupes des caractères qui aidassent à le reconnaître, et de les disposer dans un ordre tel, qu'on pût aisément les retrouver au besoin. Telle est l'origine des classifications, qui réunissent ordinairement un double avantage : celui de tracer à notre esprit une *méthode* ou une route pour le conduire à la connaissance du nom et des propriétés d'un végétal quelconque, et celui d'offrir un *système* ou un ordre de distribution pour tous les végétaux, qui fasse

---

[1] Voyez, première partie, page 51 et suiv., des Considérations générales sur les méthodes.

connaître plus ou moins complètement leurs rapports naturels, c'est-à-dire leurs analogies et leurs différences.

Il y a dans toute classification botanique trois choses à distinguer : 1° la formation des groupes fondamentaux, appelés *espèces*, *genres*, *variétés*, d'après des principes qui sont assez fixes et assez généralement admis par les naturalistes, en sorte que toutes les classifications sont à peu près d'accord en ce point; 2° l'emploi de certains caractères, pour former des associations d'un degré plus élevé, comme celles que l'on nomme *ordres*, *familles* et *classes*: c'est en cela surtout que diffèrent les classifications proposées dont le mode varie selon le choix et la combinaison des caractères qui leur servent de base; 3° la nomenclature, ou l'ensemble des dénominations adoptées pour désigner les plantes, et établies d'après certaines règles de convention.

En comparant les végétaux les uns avec les autres, on s'est aperçu qu'un certain nombre offraient des caractères presque entièrement semblables, et jouissaient de la propriété de se reproduire avec ces mêmes caractères. Chacun de ces végétaux a formé ce que l'on appelle un *individu*, et la réunion de tous les individus semblables, considérée comme un être abstrait, a constitué une *espèce*. L'*espèce* est donc la collection de tous les individus qui se ressemblent plus entre eux qu'ils ne ressemblent à tous les autres, et qui peuvent par une fécondation réciproque reproduire de nouveaux individus fertiles et semblables à eux, de telle sorte qu'on peut par analogie les supposer tous sortis originairement d'un seul individu. Les individus composant une espèce peuvent offrir quelques différences de grandeur, de coloration, d'odeur, etc. ; et tous ceux qui présentent la même modification peuvent être compris sous le nom de *variété*. Ces modifications de l'espèce sont dues à l'influence des circonstances extérieures, telles que le changement de sol et climat, et à l'*hybridité*, c'est-à-dire au croisement des races. Elles diffèrent des espèces proprement dites, en ce que, dans l'état de nature, elles ne se reproduisent point de graines avec tous leurs caractères. En comparant les espèces entre elles, on a vu que certaines se ressemblaient beaucoup par tout l'ensemble de leur structure, sans jamais cependant pouvoir se changer l'une dans l'autre. On a fait de la réunion de ces espèces semblables une nouvelle association qui a été désignée par le nom de *genre* ; le *genre* est donc la collection des espèces qui ont entre elles une ressemblance frappante dans l'ensemble de leurs organes. C'est surtout dans les organes de la fructification que se trouve marquée au plus haut point la ressemblance des espèces d'un même genre : les caractères qui servent à les distinguer entre elles sont en général tirés des organes de la végétation, c'est-à-dire des feuilles, de la tige et des racines.

Les principes de nomenclature universellement admis en botanique sont ceux que le célèbre Linnée a établis le premier, et qui consistent à composer le nom d'une plante de deux mots, l'un substantif et l'autre adjectif. S'il avait fallu avoir un nom distinct pour chaque végétal, le nombre en eût été prodigieux. Linnée eut l'heureuse idée de ne désigner par des noms substantifs que les genres, beaucoup moins nombreux que les espèces : ces noms substantifs, communs à toutes les espèces d'un genre, et analogues en quelque sorte à nos noms de famille, furent appelés *noms génériques* ; tel est celui de *renoncule*, que l'on applique à un grand nombre d'espèces différentes. Et pour avoir une dénomination qui fût propre à chacune des espèces du genre, Linnée n'eut besoin que d'ajouter au nom générique une épithète qui indiquât quelque particularité de l'espèce. C'est ainsi qu'il eut dans le genre *renoncule* les espèces *renoncule bulbeuse*, *renoncule acre*, *renoncule aquatique*, etc. Ces adjectifs qui variaient d'une espèce à l'autre dans le même genre, et qui étaient analogues à nos noms de baptême, il les appela *noms spécifiques*. Par cette ingénieuse combinaison, le nombre immense des noms de plantes se trouva réduit à un terme peu considérable, eu égard au nombre des espèces. Aujourd'hui deux mille noms de genre, et une quantité de noms spécifiques beaucoup moindre, suffisent pour désigner les quarante ou cinquante mille végétaux connus. Il faut remarquer que les noms d'espèces, qui sont toujours des adjectifs, peuvent être employés plusieurs fois, non dans un même genre, mais dans des genres différens, puisqu'ils sont joints à des substantifs dont ils ne font qu'indiquer une qualification.

De même qu'en groupant ensemble les espèces qui ont entre elles une analogie marquée on en a fait des genres, de même, en réunissant ensemble les genres qui se ressemblent beaucoup, et qui sont liés par des caractères communs, on en compose des tribus nouvelles appelées *ordres* ou *familles*, et qui ne sont autre chose que de grands genres. Les ordres, groupés ensuite d'après un caractère plus général, forment les *classes*, qui sont les divisions les plus élevées du règne végétal. Ainsi, dans toute classification botanique on distingue de grandes divisions appelées *classes*, dont chacune est subdivisée en groupes plus petits appelés *ordres* ou *familles;* chaque ordre est composé d'un certain nombre de groupes encore plus petits, que l'on appelle *genres*, chaque *genre* se partage à son tour en *espèces;* et ces dernières ne contiennent plus que des individus ou des variétés. Mais quoique soumises à cette marche commune, et s'accordant même en général dans l'établissement des genres et des espèces, les classifications en botanique peuvent différer beaucoup, selon les principes suivis dans la formation des divisions supérieures. On peut en effet établir ces divisions d'après des caractères tirés d'un seul organe ou d'un petit nombre d'organes, en négligeant tous les autres; ou bien on peut les établir d'après les caractères fournis par l'ensemble de l'organisation étudiée dans tous ses détails. Aussi, l'on connaît aujourd'hui en botanique un assez bon nombre de méthodes, que l'on peut rapporter aux trois sortes suivantes :

1°. Les *méthodes analytiques* ou *dichotomiques*, qui ne remplissent que l'un des deux buts de toute classification, celui de faire arriver aisément au nom d'une plante; telle est la *méthode de Lamarck*.

2°. Les *méthodes* ou *systèmes artificiels*, qui participent également du système et de la méthode, mais auxquels on s'accorde assez généralement à donner le nom spécial de *systèmes*. Ils ont pour principal but de faire trouver avec plus ou moins de facilité le nom des êtres qu'ils comprennent; en même temps ils nous font connaître quelques-uns de leurs rapports, mais seulement lorsqu'on envisage ces êtres sous un point de vue particulier. Ce qui caractérise un pareil système, c'est que les caractères des classes sont tirés tous des modifications d'un seul organe; tel est le système connu sous le nom de *méthode de Tournefort*, qui est basé principalement sur la considération des différentes formes de la corolle[1], et tel est encore le *système de Linnée*, dont les classes sont établies sur des caractères tirés uniquement des étamines.

3°. Les *méthodes naturelles*, qui ont pour principal but de faire connaître les vrais rapports des végétaux, et auxquelles on donne communément le nom spécial de *méthodes*[2]. Leurs divisions ne sont point établies d'après la considération d'un seul organe; mais les caractères offerts par toutes les parties des plantes concourent à les former. Aussi les plantes qui sont ainsi rapprochées sont-elles disposées de manière qu'elles ont avec celle qui les précède ou qui les suit immédiatement plus de rapport qu'avec aucune autre. On sent bien qu'il ne peut y avoir en ce genre qu'une seule méthode parfaite pour chaque branche de l'histoire naturelle : mais, comme nous l'avons déjà fait remarquer ailleurs (pag. 107 et 108), cette méthode est l'idéal auquel tendent tous les efforts des naturalistes, et les classifications proposées par eux doivent offrir des différences et des variations continuelles, puisque ce ne sont que des essais qui se perfectionnent à chaque pas que fait la science. Aux classifications de ce genre appartient celle qui est connue

---

[1] Cette méthode comprend vingt-deux classes, dont les caractères sont tirés de la consistance et de la grandeur de la tige, de la présence ou de l'absence de la corolle, de l'isolement de chaque fleur ou de leur réunion dans un même involucre, de l'intégrité ou de la division de la corolle, de sa régularité ou de son irrégularité.

[2] On devrait plutôt leur donner le nom de *système naturel*. Celui de *méthode* conviendrait beaucoup mieux aux classifications qui n'ont d'autre objet que de tracer une route pour arriver promptement au nom d'une plante.

sous le nom de *méthode de Jussieu*, parce qu'on la doit aux deux célèbres botanistes, Bernard de Jussieu, et Antoine Laurent de Jussieu, son neveu.

Nous nous bornerons à faire connaître ici d'une manière générale les trois classifications les plus importantes et le plus en vogue aujourd'hui : ce sont celles de Lamarck, de Linnée et de Jussieu.

MÉTHODE ANALYTIQUE DE LAMARCK.

Cette méthode, indépendante de tout système particulier de classification, n'est à vrai dire qu'une sorte de dictionnaire ou de table analytique, dans laquelle on va chercher le nom générique d'une plante que l'on a sous les yeux, ou son nom spécifique, quand le nom de genre est connu. Lamarck a senti que la marche la plus simple que l'on puisse tracer à l'esprit, pour lui faciliter la recherche du nom d'une plante, consiste à partager d'abord le règne végétal en deux grandes divisions, tellement tranchées, que l'on voie tout de suite dans laquelle des deux se trouve la plante en question, en sorte que la difficulté du choix soit réduite à moitié; à partager de même chacune de ces divisions en deux parties, puis chacune de ces parties en deux autres, jusqu'à ce que, par une suite de pareilles bissections, on arrive à n'avoir plus à choisir qu'entre deux plantes, dont l'une soit celle dont on cherche le nom. Il ne s'agit alors que d'établir, pour chacune de ces divisions dichotomiques ou de ces bifurcations, deux caractères contradictoires, qui soient présentés en regard et sous forme de questions, de manière à ne laisser de choix qu'entre deux propositions opposées. L'élève le moins exercé n'éprouve aucun embarras à choisir entre ces deux propositions celle qui convient à la plante qu'il a sous les yeux, et il est conduit par un numéro de renvoi à d'autres questions; et ainsi successivement jusqu'à ce qu'il parvienne à celle qui doit lui faire connaître le nom cherché.

Supposons, pour donner un exemple de cette méthode, que l'on ait à la main une primevère dont on veuille apprendre le nom botanique; on y sera conduit par les questions suivantes. La plante a-t-elle des fleurs distinctes, c'est-à-dire visibles à l'œil nu, ou bien les fleurs sont-elles indistinctes ou nulles? Disant *oui* sur la première question, on est conduit par un numéro à deux autres questions, savoir : a-t-elle les fleurs conjointes, c'est-à-dire réunies dans une enveloppe commune, ou bien les a-t-elle disjointes? Ce dernier cas étant évident, un numéro conduira successivement aux suivantes : a-t-elle des fleurs hermaphrodites, ou bien des fleurs unisexuelles?—A-t-elle des fleurs complètes, c'est-à-dire pourvues d'un calice et d'une corolle, ou bien ses fleurs sont-elles incomplètes?—Sa corolle est-elle monopétale ou polypétale?—A-t-elle l'ovaire libre ou dans la corolle, ou bien l'a-t-elle adhérent ou sous la corolle?—A-t-elle plus ou moins de cinq étamines?—Sa corolle est-elle régulière ou irrégulière?—A-t-elle juste cinq étamines ou moins de cinq étamines?—Ces étamines sont-elles alternes avec les lobes de la corolle, ou bien leur sont-elles opposées?—Ses feuilles sont-elles entières ou dentées, ou bien sont-elles profondément découpées?—Sont-elles radicales ou alternes, ou bien sont-elles opposées ou verticillées?—A-t-elle une tige couverte de feuilles, ou bien une hampe nue et des feuilles radicales? — L'entrée du tube de sa corolle est-elle munie ou dépourvue de glandes? Ces diverses questions conduisent nécessairement au nom de la plante, et vous y conduisent en vous forçant d'en faire une analyse exacte, c'est-à-dire d'en parcourir et d'en observer avec soin tous les caractères.

Nous allons figurer ici le tableau que nous offrirait cette méthode d'analyse, en le réduisant aux seuls caractères offerts par la plante que nous avons prise pour exemple.

1.
- (Fleurs distinctes 2
- (Fleurs indistinctes ou nulles. 0

2.
- (Fleurs réunies dans un calice commun 0
- (Fleurs non réunies dans un calice commun. 3

3.
- (Fleurs hermaphrodites. 4
- (Fleurs unisexuelles 0

4. { Fleurs complètes. 5
   { Fleurs incomplètes . . . . o

5. { Corolle monopétale. 6
   { Corolle polypétale. . . . . o

6. { Ovaire libre 7
   { Ovaire adhérent . . . . o

7. { Cinq étamines ou moins. 8
   { Six étamines ou plus . . . . o

8. { Corolle régulière 9
   { Corolle irrégulière. . . . . o

9. { Cinq étamines 10
   { Moins de cinq étamines. . . . . o

10. { Étamines alternes avec les lobes de la corolle . . . . . o
    { Étamines opposées aux lobes de la corolle. 11

11. { Feuilles entières ou dentées. 12
    { Feuilles à découpures profondes. . . . . o

12. { Feuilles radicales ou alternes. 13
    { Feuilles opposées ou verticillées . . . . o

13. { Tige feuillée . . . . o
    { Hampe nue, feuilles radicales. 14

14. { Entrée du tube de la corolle munie de glandes. . . . . o
    { Entrée du tube de la corolle dépourvue de glandes. PRIMEVÈRE.

La méthode de Lamarck offre un des moyens les plus prompts et les plus faciles pour arriver à la connaissance des plantes ; et elle est surtout utile aux personnes qui commencent l'étude de la botanique. Lamarck et de Candolle en ont fait une heureuse application aux plantes de toute la France, dans l'important ouvrage qu'ils ont publié sous le nom de *Flore française*[1].

---

[1] Un travail de ce genre a été fait par M. Bautier, pour les plantes de la Flore parisienne en particulier.

Système de Linnée.

De tous les moyens inventés pour coordonner les végétaux, et faciliter la recherche de leurs noms, le système de Linnée est sans contredit un des plus simples : aussi a-t-il été presque généralement adopté. Il repose entièrement sur les caractères que l'on peut tirer des organes reproducteurs, c'est-à-dire des étamines et des pistils. Les classes sont établies d'après les étamines, les ordres ou subdivisions des classes le sont en général d'après les pistils.

Linnée divise d'abord tous les végétaux connus en deux grandes sections : ceux qui ont des organes de reproduction visibles, et par conséquent des fleurs apparentes, ce sont les *phanérogames;* et ceux dans lesquels les fleurs ne sont pas distinctes à l'œil nu, ou n'existent pas du tout, ce sont les végétaux *cryptogames*. Le nombre des végétaux de la première section étant beaucoup plus considérable que celui des végétaux de la seconde, les phanérogames ont été partagés en vingt-trois classes; les cryptogames au contraire ne forment qu'une seule classe, qui est la dernière du système. Parmi les plantes phanérogames, les unes ont des fleurs hermaphrodites, c'est-à-dire pourvues d'étamines et de pistils, les autres ont des fleurs unisexuelles, c'est-à-dire n'ayant que des étamines ou des pistils. Les plantes à fleurs hermaphrodites étant beaucoup plus nombreuses, forment les vingt premières classes du système; dans les trois suivantes sont placées les plantes à fleurs unisexuelles.

Ainsi, le système de Linnée comprend vingt-quatre classes, dont vingt sont consacrées aux plantes à fleurs hermaphrodites, trois aux plantes à fleurs unisexuelles, et une seule aux plantes à fleurs nulles ou invisibles. Les dix premières classes renferment toutes les plantes à fleurs hermaphrodites dont les étamines sont libres, égales et en nombre déterminé.

1re Classe. **MONANDRIE.** Plantes à une seule étamine. Ex. : le *balisier*, la *pesse d'eau*.

2ᵉ Classe. **DIANDRIE**. Deux étamines : le *jasmin*, le *lilas*, la *véronique*, la *sauge*, le *romarin*.

3ᵉ Classe. **TRIANDRIE**. Trois étamines : la plupart des graminées, les *iris*, la *valériane officinale*.

4ᵉ Classe. **TÉTRANDRIE**. Quatre étamines : le *plantain*, la plupart des rubiacées et des dipsacées.

5ᵉ Classe. **PENTANDRIE**. Cinq étamines : les borraginées, telles que la *bourrache* et la *pulmonaire*; les solanées, telles que la *pomme-de-terre* et la *belladone*; les ombellifères, telles que la *ciguë* et le *panais*; etc.

6ᵉ Classe. **HEXANDRIE**. Six étamines : l'*asperge* et la plupart des liliacées, telles que le *lis*, la *jacinthe*, la *tulipe*.

7ᵉ Classe. **HEPTANDRIE**. Sept étamines : le *marronier d'Inde*.

8ᵉ Classe. **OCTANDRIE**. Huit étamines : plusieurs polygouées, telles que le *sarrasin*, les *bruyères*, l'*épilobe*, le *bois-gentil*.

9ᵉ Classe. **ENNÉANDRIE**. Neuf étamines : le *laurier*, la *rhubarbe*, le *butome ombellifère*.

10ᵉ Classe. **DÉCANDRIE**. Dix étamines : presque toutes les caryophyllées, telles que les *œillets*, les *lychnis*, la *coquelourde*.

Les trois classes suivantes sont encore fondées sur le nombre des étamines, supposées toujours libres; mais ce nombre n'est plus rigoureusement déterminé. On ne l'apprécie plus qu'aproximativement, et lorsqu'il dépasse vingt, on a égard à l'insertion des étamines.

11ᵉ Classe. **DODÉCANDRIE**. De douze à vingt étamines : le *réséda*, l'*euphorbe*, l'*aigremoine*, la *joubarbe*.

12ᵉ Classe. **ICOSANDRIE**. Vingt étamines ou plus, insérées sur le calice : les vraies rosacées, telles que le *rosier*, le *prunier*, le *fraisier*, etc.; les *myrtes*, les *grenadiers*, les *cactus*.

13ᵉ Classe. **POLYANDRIE**. De vingt à cent étamines, insérées sous l'ovaire : les vraies renonculacées, telles que les *renoncules*, les *anémones*, les *clématites*, etc. ; la plupart des papavéracées, telles que le *coquelicot*, le *pavot*, la *chélidoine*, etc.

Les deux classes suivantes sont fondées sur le nombre et la proportion inégale des étamines.

14ᵉ Classe. **DIDYNAMIE**. Quatre étamines, dont deux plus courtes que les autres : les labiées et les personnées de Tournefort, telles que le *thym*, la *lavande*, la *menthe*, la *digitale*, le *muflier*, etc.

15ᵉ Classe. **TÉTRADYNAMIE**. Six étamines, dont deux constamment plus courtes que les quatre autres : les crucifères, telles que la *giroflée*, le *chou*, la *moutarde*, etc.

Les cinq classes suivantes sont fondées sur les différens modes de soudure des étamines, soit entre elles, soit avec le pistil.

16ᵉ Classe. **MONADELPHIE**. Toutes les étamines réunies en un seul corps par leurs filets. Ex. : les malvacées, telles que la *mauve* et la *guimauve*; les *geraniums*.

17ᵉ Classe. **DIADELPHIE**. Les étamines réunies par les filets en deux faisceaux distincts. Ex. : la *fumeterre*, le *polygala* et la plupart des légumineuses, telles que le *genêt*, le *cytise*, le *trèfle*, le *pois*, le *haricot*, etc.

18ᵉ Classe. **POLYADELPHIE**. Les étamines réunies par leurs filets en trois ou un plus grand nombre de faisceaux. Ex. : l'*oranger*, le *millepertuis*.

19ᵉ Classe. **SYNGÉNÉSIE**. Étamines soudées par les anthères; fleurs ordinairement composées ou conjointes, c'est-à-dire réunies dans un calice commun. Ex. : la *violette*, la *balsamine*, et toutes les synanthérées ou les composées de Tournefort, telles que la *chicorée*, le *pissenlit*, le *chardon*, la *grande marguerite*, le *soleil des jardins*.

20ᵉ Classe. **GYNANDRIE**. Étamines soudées avec le pistil ou posées sur lui. Ex. : les *orchidées*, les *aristoloches*.

Les trois classes suivantes sont fondées sur la séparation des organes reproducteurs.

21ᵉ Classe. **MONOECIE**. Fleurs mâles et femelles sur le même individu. Ex. : le *chêne*, le *noyer*.

22ᵉ CLASSE. **DIOECIE**. Fleurs mâles et fleurs femelles sur deux individus différens. Ex. : le *saule*, le *peuplier*, le *chanvre*.

23ᵉ CLASSE. **POLYGAMIE**. Fleurs mâles, fleurs femelles et fleurs hermaphrodites sur un même individu, ou sur deux ou trois individus différens. Ex. : le *frêne*, le *figuier*, la *pariétaire*.

La dernière classe enfin comprend toutes les plantes à fleurs invisibles.

24ᵉ CLASSE. **CRYPTOGAMIE**. Plantes dont les fleurs sont invisibles ou très-peu distinctes à l'œil nu. Ex. : les *fougères*, les *mousses*, les *lichens*, les *prêles*, les *algues*, les *champignons*.

Le tableau suivant, dressé par Linnée, donne la clef de son système.

CLASSES.

Les étamines, considérées d'après leur

nombre
- uniquement, ce nombre étant déterminé
  - Une étam. . . . 1. monandrie.
  - Deux ét. . . . 2. diandrie.
  - Trois ét. . . . 3. triandrie.
  - Quatre ét. . . . 4. tétrandrie.
  - Cinq ét. . . . 5. pentandrie.
  - Six ét. . . . 6. hexandrie.
  - Sept ét. . . . 7. heptandrie.
  - Huit ét. . . . 8. octandrie.
  - Neuf ét. . . . 9. ennéandrie.
  - Dix ét. . . . 10. décandrie.
  - Douze ét. . . . 11. dodécandrie.
- et leur
  - insertion
    - sur le calice : plusieurs ét. souvent vingt. . . . . . . 12. icosandrie.
    - sous l'ovaire : plusieurs ét. souvent plus de vingt . . . . . 13. polyandrie.
  - proportion inégale
    - quatre. . . . . . . 14. didynamie.
    - six. . . . . . . 15. tétradynamie.

réunion
- par les filets; en faisceau
  - unique . . . . . . 16. monadelphie.
  - double . . . . . . 17. diadelphie.
  - triple au moins. . . . . . 18. polyadelphie.
- par les anthères. . . . . . . 19. syngénésie.
- avec le pistil . . . . 20. gynandrie.

séparation des pistils.
- sur un même pied. . . . . . . 21. monœcie.
- sur deux pieds différens. . . . . . 22. diœcie.
- sur un ou plusieurs pieds, avec des fleurs hermaphrodites. . . . . . . 23. polygamie.

absence ou leur invisibilité . . . . 24. cryptogamie.

Les classes du système linnéen ont été divisées en ordres, de la manière suivante. Dans les treize premières classes, dont les caractères sont tirés du nombre des étamines, les ordres sont établis sur celui des styles ou des stigmates distincts. Ainsi, quand il n'y a qu'un style, l'ordre s'appelle *monogynie*; *digynie*, s'il y en a deux, *trigynie*, trois; *tétragynie*, *pentagynie*, *hexagynie*....., *polygynie*, s'il y en a quatre, cinq, six....., ou un nombre indéterminé. Par exemple, le lychnis ayant dix étamines et cinq styles, appartient à la *décandrie pentagynie* de Linnée.

Dans la quatorzième classe, ou la didynamie, on trouve deux ordres, établis d'après la structure de l'ovaire : la *gymnospermie*, qui renferme les plantes qui ont au fond du calice quatre graines nues, ou pour parler plus exactement, un ovaire fendu en quatre portions contenant chacune une graine (ex. : les labiées); et l'*angyospermie*, qui comprend les plantes dont les graines sont renfermées dans une capsule (ex. : les personnées de Tournefort, telles que le muflier, la digitale, l'orobanche, etc.)

La tétradynamie se divise en deux ordres, d'après la forme du fruit, qui est tantôt une silique, et tantôt une silicule : la *tét. siliqueuse* (ex. : le chou, la giroflée), et la *tét. siliculeuse* (ex. : le pastel, le cochlearia, le thlaspi).

Dans la monadelphie, la diadelphie, la polyadelphie, la gynandrie, la monœcie et la diœcie, toutes classes qui n'ont point été établies sur le nombre des étamines, Linnée a fait usage de cette considération pour la formation des ordres, qui portent par conséquent les noms des premières classes; ainsi l'on dit monadelphie diandrie, monadelphie triandrie, etc.

Dans la syngénésie, les ordres sont fondés sur la structure et les combinaisons diverses des petites fleurs, qui se réunissent le plus ordinairement pour former des fleurs composées. Par suite d'avortemens constans, on trouve souvent mêlées ensemble, dans les plantes de cette classe, des fleurs hermaphrodites, des fleurs mâles, des fleurs femelles et des fleurs neutres ou stériles. Linnée partage d'abord la classe en deux sections, savoir : la *syngénésie polygamie*, où les fleurs sont réunies plusieurs ensemble dans un calice commun; et la *syngénésie monogamie*, où elles sont séparées. Cette dernière section ne se sous-divise point, et forme à elle seule un ordre, la première se partage en cinq autres; il y a donc dans la syngénésie les six ordres suivans : 1° la *polygamie égale*, dont toutes les fleurs sont hermaphrodites et fécondes (ex. : le pissenlit, le chardon); 2° la *polygamie superflue*, dont les fleurs centrales sont hermaphrodites, et celles du bord femelles, les unes et les autres donnant de bonnes graines (ex. : la grande marguerite, le séneçon); 3° la *polygamie frustranée*, où les fleurs centrales sont hermaphrodites et fécondes, et celles du bord neutres ou femelles, mais stériles par l'imperfection du stigmate (ex. : la centaurée, le grand soleil) ; 4° la *polygamie nécessaire*, où les fleurs de la circonférence sont seules fertiles; les fleurs centrales sont hermaphrodites, et stériles par l'imperfection du stigmate, mais elles sont nécessaires en ce que leurs étamines servent à féconder les fleurs de la circonférence, qui sont femelles (ex. : le souci); 5° la *polygamie séparée*, où les fleurs, quoique renfermées dans un involucre ou calice commun, ont encore chacune un petit involucre particulier (ex. : l'échinops ou la boulette); 6° la *monogamie*, qui comprend toutes les plantes à fleurs isolées (ex. : la violette, la basalmine.)

La vingt-troisième classe du système ou la polygamie, se divise en trois ordres fondés sur la disposition des trois sortes de fleurs (hermaphrodites, mâles et femelles), sur le même individu, ou sur deux individus différens, ou sur trois individus. De là les trois ordres suivans : la *polygamie monœcie* (ex. : l'érable), la *polygamie diœcie* (le frêne), la *polygamie triœcie* (le figuier). Enfin, la cryptogamie, qui forme la vingt-quatrième et dernière classe, est partagée en quatre ordres, d'après des caractères peu précis, tirés simplement du port des plantes : 1° les *fougères* ; 2° les *mousses* ; 3° les *algues*; 4° les *champignons*.

Chaque ordre du système est composé de plusieurs genres, et chaque genre comprend à son tour plusieurs espèces. Le nom de chacune de ces divisions inférieures est accompagné d'une phrase descriptive, par laquelle Linnée indique en peu de mots le caractère qui distingue cette division, ayant soin de négliger, lorsqu'il parle du genre, ce qui a rapport aux espèces. A l'aide de cet échafaudage de divisions et de caractères, on est conduit pas à pas à connaître le nom, et par suite les propriétés de la plante que l'on voit pour la première fois. On cherche d'abord dans cette plante l'un des caractères qui servent à distinguer les vingt-quatre classes ; ce caractère trouvé, on sait dans quelle classe est la plante dont il s'agit, et on n'a plus à la reconnaître que parmi celles qu'elle renferme, dont le nombre est seulement de plusieurs centaines, ou au plus de quelques mille. Le caractère de l'ordre, que l'on cherche ensuite, réduit bientôt ce nombre à une ou deux centaines environ ; celui du genre, à quelques dixaines, parmi lesquelles on parvient aisément à reconnaître l'espèce à son caractère particulier. Cette opération présente à peu près la même marche qu'un dictionnaire où, pour trouver le mot donné, on cherche successivement la première, la seconde, la troisième et les autres lettres du mot. Un système botanique n'est en quelque sorte qu'une table alphabétique de matières, où les différens caractères de classe, d'ordre, de genre et d'espèce, jouent le rôle des lettres de l'alphabet.

MÉTHODE DE JUSSIEU.

Le système de Linnée nous a offert un exemple d'une méthode fondée sur une certaine classe de caractères choisis arbitrairement ; une pareille méthode est propre à faire découvrir le nom des plantes, mais non à faire connaître leurs véritables rapports. Ce dernier objet est rempli par la *méthode naturelle*, dans laquelle les caractères tirés de toutes les parties des végétaux concourent à former les divisions successives, dans l'ordre de leur plus grande valeur ou de leur plus grande généralité. Les plantes sont disposées, dans cette méthode, de manière que celles qui se conviennent par les rapports les plus nombreux et les plus importans se trouvent nécessairement rapprochées et comme associées entre elles. De tout temps on a remarqué qu'il existe parmi les plantes comme parmi les animaux des groupes dont tous les individus se ressemblent par tant de points communs, qu'ils paraissent être les membres d'une même famille ; c'est à ces groupes principaux que l'on a donné le nom de *familles naturelles*. C'est ainsi que l'on a reconnu de tout temps certains groupes bien prononcés, comme ceux des graminées, des labiées, des crucifères, des synanthérées, des ombellifères, des légumineuses. Ces familles font elles-mêmes partie de groupes plus généraux, et se partagent en même temps en groupes secondaires, qui tous reposent sur des analogies nombreuses et frappantes.

Dans la méthode naturelle, les plantes qui composent un même groupe ont entre elles plus de ressemblance qu'elles n'en ont avec celles d'un autre groupe quelconque ; et deux groupes voisins ont plus d'affinité entre eux que deux groupes plus éloignés l'un de l'autre. Cette méthode présente donc l'expression la plus exacte et la plus complète de tous les rapports que peuvent offrir les espèces comparées ensemble, c'est-à-dire de leurs différens degrés de ressemblance ou de différence. Elle offre encore un avantage pour celui qui commence l'étude des plantes, c'est qu'elle lui permet l'application de la voie d'induction et d'analogie ; elle lui fait connaître la nature d'un végétal par la place même qu'il occupe dans la série, par le rapprochement de ce végétal d'un autre être mieux connu, qui sert alors de terme de comparaison, de règle ou de mesure.

La difficulté d'établir une pareille méthode tient à l'appréciation de la valeur relative des différens caractères comparés entre eux. Les différences qui distinguent les êtres organisés ne sont pas toutes d'égale valeur, et il ne suffit pas de les compter, il faut les peser, pour ainsi dire. Bernard de Jussieu est le premier botaniste qui ait posé pour principe fondamental de la méthode naturelle la *subordination des caractères* (page 244). D'après ce principe, il faut, pour pouvoir juger convenablement de la valeur d'un caractère, bien connaître la nature de l'organe d'où on le tire, l'importance de cet organe comparativement aux autres, et celle du point de vue particulier sous lequel on l'envisage. L'importance d'un caractère est donc en raison de l'importance de l'organe, et de celle de la considération, d'après laquelle ce caractère est établi. En général un organe est d'autant plus important qu'il offre plus de constance et d'universalité, ou qu'on juge plus essentiel à la vie du végétal le rôle qu'il remplit ; il en est de même des modifications de chaque organe, comparées entre elles. Mais cette importance relative ne se conçoit bien et ne peut se déterminer qu'autant que l'on compare des organes appartenant à la même fonction générale, soit à la nutrition, soit à la reproduction. Aussi se borne-t-on à fonder la classification sur l'une de ces deux fonctions seulement, et l'on est d'autant mieux en droit de le faire que les divisions naturelles établies d'après l'une d'elles sont les mêmes que celles que l'on pourrait établir d'après l'autre. En botanique, on choisit les organes reproducteurs de préférence aux organes nutritifs, parce qu'ils sont mieux connus, et qu'ils donnent plus de prise à la méthode par leurs modifications nombreuses et compliquées [1].

Les organes de reproduction des végétaux, rangés dans l'ordre de plus grande valeur, nous donnent la série suivante : 1° l'embryon; 2° les organes de la fécondation, ou les étamines et les pistils; 3° les tégumens propres à l'embryon, savoir : la graine et le fruit; 4° les enveloppes des organes fécondateurs, ou la corolle et le calice; 5° les organes accessoires, tels que les nectaires et les bractées.

Les différens points de vue sous lesquels chaque organe peut être considéré n'ayant pas la même valeur, on peut les ranger dans l'ordre suivant, relativement à l'importance plus ou moins grande des caractères qu'ils fournissent : 1° l'existence ou la non existence des organes; 2° la position soit absolue, soit relative de ces organes, c'est-à-dire la manière dont ils entrent dans la symétrie générale; 3° leur nombre relatif; 4° leur grandeur relative; 5° leur forme; 6° leur nombre absolu; 7° leur grandeur absolue; 8° leur consistance et leurs autres qualités sensibles, telles que la couleur, l'odeur, la saveur, etc.

Nous venons d'examiner les principes généraux qui doivent diriger le botaniste dans l'établissement d'un

---

[1] En zoologie, au contraire, où les organes de nutrition sont mieux connus, et tout aussi diversifiés que ceux de la reproduction, on a coutume de les prendre pour fondement de la classification naturelle.

système naturel des plantes. Voyons maintenant l'application que l'on a faite de ces principes, dans les méthodes dites des *familles naturelles*, et particulièrement dans celle qui est connue sous le nom de *méthode de Jussieu*. Cette méthode comprend trois grandes divisions primordiales, subdivisées en quinze *classes*; chaque classe se compose d'un nombre plus ou moins considérable d'*ordres* ou de *familles naturelles*; chaque famille est partagée en un certain nombre de *genres*, et chaque genre comprend un nombre plus ou moins grand d'*espèces*. Voici les caractères que l'auteur de la méthode a employés pour former ces divisions successives. Les premières divisions reposent sur un caractère de première valeur, la structure de l'embryon. L'embryon n'a point de cotylédon, ou il en a un, ou il en a deux : de là les trois grandes divisions des plantes *acotylédones*, *monocotylédones*, *dicotylédones*. Les acotylédones forment la première classe de la méthode (ex.: les mousses, les champignons.) Les monocotylédones et les dicotylédones, sont subdivisées en classes d'après des caractères de seconde et de troisième valeur, savoir: *l'insertion* ou position relative des étamines, la présence et la forme de la corolle ou son absence. Les monocotylédones n'ont point de corolle proprement dite : elles ont un périanthe simple, appelé *périgone*, et que M. de Jussieu considérait comme un calice. Elles ont été partagées en trois classes, d'après les trois modes divers d'insertion des étamines, qui peuvent être *hypogynes* (sous l'ovaire), *épigynes* (sur l'ovaire) et *périgynes* (sur le calice ou périgone [1]). De là les classes des *monocotylédones à étamines hypogynes* (ex.: les graminées), des *monocotylédones à étamines périgynes* (les liliacées), des *monocotylédones à étamines épigynes* (les iridées, les orchidées.)

Les dicotylédones ont d'abord été divisées en *apétales* ou sans corolle, en *monopétales* et en *polypétales*, suivant qu'elles ont une corolle d'une seule pièce ou de plusieurs pièces; puis chacune de ces sections a été partagée en classes, d'après l'insertion des étamines ou de

___

[1] Voyez page 301.

la corolle elle-même, lorsqu'elle est monopétale, parce qu'alors elle porte les étamines. Les apétales donnent les trois classes suivantes : *apétales à étamines épigynes* (les aristoloches), *apétales à étamines périgynes* (les polygonées, les laurinées), *apétales à étamines hypogynes* (les plantaginées). Les monopétales constituent également trois classes, suivant que leur corolle staminifère est hypogyne, périgyne ou épigyne. Mais la dernière classe a été encore subdivisée, suivant que les anthères sont libres ou réunies, ce qui porte à quatre le nombre des classes dans les corolles monopétales, savoir : les *monopétales à étamines hypogynes* (les labiées, les solanées, les borraginées), les *monopétales à étamines périgynes* (les campanulacées), les *monopétales à étamines épigynes et à anthères réunies* (les synanthérées) et les *monopétales à étamines épigynes et à anthères libres* (les dipsacées, les rubiacées). Les polypétales ont également été divisées, d'après leur mode d'insertion, en trois classes : les *polypétales à étamines épigynes* (les ombellifères), les *polypétales à étamines hypogynes* (les renonculacées, les papavéracées) et les *polypétales à étamines périgynes* (les rosacées, les légumineuses). Enfin, dans une dernière classe sont rangées toutes les plantes dicotylédonées, dont les fleurs sont essentiellement unisexuelles et séparées sur des pieds différens : M. de Jussieu leur donne le nom de *diclines*, par opposition à celui de *monoclines*, qu'il donne aux autres plantes dont les fleurs sont essentiellement hermaphrodites. Les cas où celles-ci présentent des fleurs unisexuelles sont en effet très-rares et tiennent ordinairement à des causes accidentelles. Cette exposition des classes de la méthode de Jussieu se trouve résumée dans le tableau synoptique suivant.

CLASSES.

Plantes :

- Acotylédones, ou dont la fleur et les graines sont peu connues. **1**
- Monocotylédones : à étamines
  - hypogynes. . . . **2**
  - périgynes. . . . **3**
  - épigynes. . . . **4**
- dicotylédones : à fleurs
  - monoclines et
    - apétales : à étamines
      - épigynes. . . . **5**
      - périgynes. . . . **6**
      - hypogynes. . . . **7**
    - monopétales : à corolle
      - hypogyne. . . . **8**
      - périgyne. . . . **9**
      - épigyne : à anthères { réunies. . . . **10**
      -                 { distinctes. . . . **11**
    - polypétales : à étamines
      - épigynes. . . . **12**
      - hypogynes. . . . **13**
      - périgynes. . . . **14**
  - diclines ou unisexuelles vraies. . . . **15**

Les familles naturelles, dans lesquelles se subdivisent
les classes, sont fondées sur une identité de symétrie dans les organes les plus importans, surtout dans
ceux qui sont relatifs à la fructification. Les genres dont
la réunion constitue une famille doivent être semblables, ou du moins ne rien offrir de contradictoire dans
la forme et dans la structure des organes reproducteurs.
Nous avons vu en effet que, sous le point de vue de ces
organes, les plantes peuvent être rapportées à certains
types symétriques : or, deux genres ont entre eux des
rapports ou des différences d'autant plus sensibles, qu'ils
se rapprochent ou s'éloignent davantage du même type.
Il faut donc que les genres d'une même famille paraissent
en quelque sorte formés sur le même plan. Dans la méthode de Jussieu, ces genres se lient les uns aux autres

par des caractères communs, tirés des organes de la fructification, et se distinguent chacun par quelque considération de nombre, de grandeur, de forme ou d'adhérence.

Un genre, avons-nous dit, est en général une collection d'espèces, qui ont entre elles une ressemblance frappante dans l'ensemble de leurs organes. Dans la méthode de Jussieu, les genres se composent d'espèces, qui se ressemblent par quelques parties essentielles des organes de la fructification, et en outre par leur port et leurs formes extérieures. Ces espèces d'un même genre se distinguent les unes des autres par des caractères beaucoup plus variables, et par conséquent de moindre valeur, tels que le mode d'inflorescence, la forme des feuilles, celle de la tige, la grandeur des fleurs, etc.

Telles sont les bases de la classification des familles naturelles, telle qu'elle a été présentée par les célèbres fondateurs de cette méthode. Depuis, quelques botanistes y ont apporté des modifications qui n'en ont pas changé l'esprit. Ainsi, M. de Candolle a suivi une autre marche pour la coordination des familles; au lieu de prendre les caractères des grandes classes dans le nombre des cotylédons, qui est variable et assez difficile à reconnaître, il les a tirés de leur insertion ou position relative; et au lieu de partir des végétaux les plus simples pour s'élever jusqu'à ceux qui ont l'organisation la plus compliquée, il part des végétaux les plus complets, et par conséquent les mieux connus, de ceux qui offrent le plus grand nombre d'organes distincts, pour descendre graduellement jusqu'à ces végétaux d'une organisation très-simple, qui forment en quelque sorte le passage au règne animal. C'est ce dernier ordre que nous suivrons dans l'examen rapide que nous allons faire des principales familles de plantes. On admet aujourd'hui plus de cent soixante familles naturelles de végétaux : parmi ce grand nombre, nous choisirons celles qu'il importe le plus de connaître, et par lesquelles on commence d'ordinaire l'étude de la botanique, parce qu'elles renferment une multitude de plantes que nous rencontrons à chaque pas dans nos climats, et dont la plupart ont des propriétés utiles. Ces familles principales, nous les réduisons à vingt-quatre ; mais comme parmi les végétaux, tant indigènes qu'exotiques, il en est quelques-uns de remarquables, qui ne rentrent pas dans ces familles , nous les mentionnerons dans un Appendice placé à la suite de la famille avec laquelle ils auront le plus de rapports.

I. Famille des renonculacées [1].

Cette grande famille, presque entièrement européenne, se compose de plantes herbacées, à feuilles alternes (excepté le seul genre clématite où elles sont opposées), souvent découpées et embrassantes à leurs bases. Les fleurs offrent un calice à plusieurs folioles, souvent colorées ; une corolle de plusieurs pétales, tantôt planes et réguliers, tantôt difformes et creusés en cornet; des étamines en grand nombre insérées sur le réceptacle ; plusieurs ovaires, surmontés chacun d'un style et d'un stigmate simple (fig. 1, pl. 11), réunis en tête et quelquefois plus ou moins intimement soudés. Le fruit est multiple : il se compose de plusieurs capsules monospermes et indéhiscentes, ou polyspermes et s'ouvrant par leurs bords internes (fig. 2, pl. 11, et fig. 8, pl. 10.)

Principaux genres. Les *clématites*, plantes d'ornement, à feuilles opposées et à fleur munie d'un calice sans corolle.—Les *anémones*, plantes d'ornement, ayant un calice coloré, de cinq à quinze sépales, point de corolle; des capsules terminées par une pointe, et un involucre de trois feuilles placé à quelque distance de la fleur.—Les *adonis*, plantes d'ornement.—Les *renoncules* plantes d'ornement à fleurs jaunes ou blanches, ayant un calice de cinq sépales caducs, une corolle de cinq pétales réguliers, et munis d'une petite écaille à leur

---

[1] Cette famille appartient à la classe des dicotylédones polypétales à étamines hypogynes (de Jussieu), ou à celle des exogènes thalamiflores (de Candolle). Les thalamiflores ont pour caractère commun d'avoir un calice à plusieurs folioles ou à plusieurs divisions, et une corolle de plusieurs pétales insérée sur le réceptacle avec les étamines.

base interne. — Les *hellébores*, plantes médicinales. — Les *nigelles*, plantes d'ornement. — Les *ancolies*, plantes d'ornement : fleur munie d'un calice à cinq sépales colorés, et d'une corolle à cinq pétales en forme de cornets tronqués obliquement et éperonnés à la base. — Les *dauphinelles* ou *pieds-d'alouette*, plantes d'ornement : calice coloré, formé de cinq sépales inégaux, dont le supérieur est prolongé à sa base en un éperon ; corolle de quatre pétales, dont les deux supérieurs, prolongés en éperon, sont recouverts par celui du calice. — Les *aconits*, plantes d'ornement : calice à cinq sépales inégaux, dont l'un supérieur est plus grand et en forme de casque ; corolle à cinq pétales, dont deux supérieurs en forme de capuchon et longuement pédicellés, sont renfermés dans l'intérieur du sépale supérieur. — Les *pivoines*, plantes d'ornement : calice à cinq sépales inégaux et concaves ; cinq pétales ou plus, arrondis au sommet, trois à cinq ovaires à stigmate sessile.

Appendice.

A côté des renonculacées viennent se ranger dans de petites familles, les *magnoliers*, arbres de la Caroline, remarquables par l'élégance de leur feuillage, la grandeur et le parfum délicieux de leurs fleurs ; les *tulipiers* de Virginie, devenus communs dans nos jardins, remarquables par leurs feuilles découpées en lyre et par leurs fleurs, dont l'aspect rappelle assez bien celles des tulipes ; et les *anones* ou *corossoliers* du Pérou, dont les fruits, de la grosseur d'une pomme, ont la saveur de l'ananas.

Les *nymphæa* ou *nénuphars* ont aussi beaucoup de rapport avec les renonculacées, d'une part, et avec les papavéracées, d'une autre. Ce sont des herbes aquatiques, à fleurs blanches ou jaunes, dont le calice est coloré à l'intérieur, et dont les pétales sont nombreux et disposés sur plusieurs rangs. Les étamines, pareillement en grand nombre, ont des filets planes.

II. Famille des papavéracées [1].

Plantes herbacées, à feuilles alternes, contenant un suc propre, laiteux, blanc ou jaunâtre. Leurs fleurs ont un calice à deux sépales concaves et caducs, une corolle de quatre pétales (fig. 3, pl. 11); des étamines nombreuses et hypogynes, un ovaire libre et simple à une seule loge, divisée par des demi-cloisons; un stigmate presque sessile, en forme de disque rayonné. Le fruit (fig. 4, pl. 11) est une capsule à une loge, renfermant un grand nombre de graines, et s'ouvrant ou par la séparation des valves, ou par de simples trous au-dessous du stigmate.

Principaux genres. Les *pavots*, auxquels le coquelicot appartient comme espèce, dont le suc fournit l'opium, et dont les graines contiennent une huile connue sous le nom d'*œillette*. — La *chélidoine*, à fleurs jaunes en croix, dont le suc est jaune et caustique, et dont la capsule est en forme de silique. — La *fumeterre*, plante médicinale et d'ornement, dont la corolle est irrégulière, bilabiée et éperonnée; les étamines au nombre de six et disposées en deux faisceaux.

III. Famille des crucifères.

Cette famille composée de plantes herbacées croissant pour la plupart en Europe, a pour caractères : une corolle de quatre pétales disposés en croix (fig. 5, pl. 11), six étamines hypogynes et tétradynames, c'est-à-dire, dont quatre plus grandes que les deux autres (fig. 6); un ovaire simple, libre, se changeant en une silique (fig. 7.)

Principaux genres. Parmi les plantes d'ornement, les *giroflées*. — Les *juliennes*. — Les *alyssons* (ou corbeilles d'or), qui forment de jolies touffes de fleurs de couleur jaune, propres à garnir des vases. — Les *ibérides*, dont les fleurs blanches sont pareillement réunies en touffes d'un effet agréable. — Parmi les plantes potagères, les

---

[1] Cette famille et les trois suivantes appartiennent à la même classe que les renonculacées.

choux, dont les différentes espèces sont bien connues par leurs usages, savoir : le navet, dont on mange la racine ; la navette et le colza, dont les graines fournissent une huile grasse ; le chou commun, dont on mange les feuilles ; le chou-rave dont la tige forme au-dessus du collet une tête ou un tubercule charnu ; la rave proprement dite, qu'il ne faut pas confondre avec l'espèce précédente, et qui est caractérisée par sa racine tubéreuse, c'est-à-dire par un tubercule ou renflement charnu formé au-dessous du collet ; le choufleur, qui n'est qu'une réunion de pédoncules chargés de fleurs avortées, lesquels se sont entregreffés et sont devenus charnus.—Le *raifort*, dont les racines nous donnent le radis et la petite rave.—Le *sysimbre* ou cresson de fontaine.—La *cardamine* ou cresson des prés.—Parmi les plantes médicinales, le *cochléaria*, dont les feuilles ont une saveur âcre et amère.—Parmi les plantes économiques, la *moutarde* ou le *senevé*, dont les graines forment la base de l'assaisonnement connu sous le même nom ; le *pastel* ou *guède*, dont les feuilles fournissent une matière colorante bleue, presque absolument identique avec l'indigo.

Appendice.

A la suite des crucifères, vient se placer une petite famille, qui a de grands rapports avec elles, et qui renferme deux genres de plantes utiles : les *capriers*, dont les boutons à fleurs, confits dans le vinaigre, sont connus sous le nom de *capres*, et s'emploient comme assaisonnement ; et les *résédas*, dont les espèces les plus remarquables sont le réséda odorant, que l'on cultive dans les jardins à cause de l'odeur suave qu'il répand, et le réséda jaune ou la gaude, que l'on emploie pour teindre en jaune. Entre les crucifères et les caryophyllées sont comprises d'autres petites familles, dont les principaux genres sont les *cistes*, qui sont des arbustes remarquables par la beauté de leurs fleurs à corolle rosacée et à étamines nombreuses hypogynes ; les *violettes*, dont la corolle est irrégulière et dont les étamines sont soudées par les anthères. Les principales espèces de ce genre sout : la violette odorante, et la violette tricolore, connue vulgairement sous le nom de *pensée*.

IV. Famille des caryophyllées.

Ce sont des plantes herbacées , à tiges cylindriques noueuses et articulées, à feuilles entières, opposées et connées à la base. Les fleurs offrent un calice tantôt monosépale, tubuleux et simplement denté à son sommet, tantôt polysépale et le plus souvent à cinq folioles. La corolle est de cinq pétales à longs onglets, et à limbe ordinairement étalé (fig. 1, pl. 12); les étamines sont communément au nombre de dix, dont cinq sont unies aux pétales, et les cinq autres libres et alternes avec eux. L'ovaire est libre, à une ou plusieurs loges , surmonté de un à cinq styles ou stigmates filiformes (fig. 2). Le fruit est une capsule à une ou plusieurs loges polyspermes, s'ouvrant au sommet (fig. 3), les graines sont attachées à un placenta central.

Principaux genres. Parmi les plantes d'ornement, les *œillets*, dont les espèces les plus remarquables sont l'œillet des fleuristes, l'œillet de poète, l'œillet d'Espagne, etc. —Les *lychnis*, parmi lesquels la *croix de Jérusalem*, dont les fleurs sont d'un rouge éclatant ; le *lychnis dioïque*, à fleurs blanches et unisexuelles.—La *coquelourde des jardins*. — Parmi les plantes médicinales, la *saponaire*; parmi les plantes communes de nos champs, la *morgeline* ou le mouron blanc des petits oiseaux ; la *nielle des blés*, à fleurs d'un rouge vineux, dont le calice est à cinq lanières qui se prolongent de manière à dépasser les pétales.

Appendice.

Le *lin* constitue un genre extrêmement voisin de la famille précédente , et remarquable par la symétrie de ses fleurs, dont toutes les parties marchent par cinq ou par dix : calice à 5 folioles, corolle de 5 pétales, 10 étamines dont 5 stériles; 5 styles, capsule à 10 loges. Ces fleurs sont d'un joli bleu dans le lin cultivé, dont les graines fournissent une huile très-employée dans les arts, et une farine qui est d'un usage fréquent en médecine. Tout le monde sait que c'est avec les fibres de la tige de cette plante que l'on prépare le fil de lin, dont on fait des toiles.

V. Famille des malvacées.

Cette famille renferme des plantes herbacées ou ligneuses, à feuilles alternes et stipulées. Leurs fleurs ont un calice ordinairement double, l'intérieur monosépale à trois ou cinq divisions, l'extérieur polysépale et composé d'un nombre variable de folioles; la corolle est formée généralement de cinq pétales hypogynes, libres ou soudés à leur base; les étamines sont nombreuses, monadelphes, réunies en une espèce de colonne (fig. 4, pl. 12). L'ovaire est libre, à plusieurs styles ou stigmates, et le fruit se compose de plusieurs coques réunies en forme d'anneau.

Principaux genres. Les *mauves* et les *guimauves*, plantes médicinales, dont on extrait un suc mucilagineux, doué de propriétés émollientes. Ces deux genres diffèrent par le nombre des divisions du calice extérieur, qui est de trois pour le premier, de cinq à neuf pour le second. Une des espèces de guimauve est la *rose trémière* de nos jardins.—Parmi les arbres exotiques de la même famille, le *cotonnier* que l'on cultive dans les Deux-Indes et en Afrique, et dont les graines sont enveloppées d'un duvet précieux, qui fournit le coton.—Le *cacaoïer*, qui est originaire du Nouveau-Monde, et dont le fruit porte le nom de *cacao*. C'est une capsule ovoïde, terminée en pointe à son sommet, et longue de six à huit pouces. Les graines sont de la grosseur d'une petite fève. C'est d'elles que l'on retire l'huile grasse et solide, appelée *beurre de cacao*, et c'est avec leur substance finement broyée que l'on fabrique le chocolat. — Le *baobab* du Sénégal, le plus grand et le plus gros des arbres connus. Son tronc a quelquefois soixante à quatre-vingts pieds de circonférence.

Appendice.

Près de la famille des malvacées viennent se placer

plusieurs genres importans qui sont devenus les types d'autant de petites familles : les *tilleuls*, qui sont des arbres à feuilles simples et stipulées, à fleurs pourvues de nombreuses étamines libres, et ayant leurs pédoncules soudés avec la bractée qui les accompagne. On fait en médecine des infusions avec les fleurs du tilleul, et l'on fabrique des toiles et des cordages avec les fibres de son écorce, qui sont remarquables par leur souplesse et leur ténacité.—Les *érables*, qui sont des arbres à feuilles opposées et simples, et à fleurs polygames, disposées en grappes ou en cimes terminales. Leur fruit est formé de deux capsules comprimées, et munies d'ailes membraneuses. On distingue comme espèces : l'érable jaspé, l'érable à feuilles de frêne, l'érable plane, l'érable sycomore, l'érable à sucre. — Les *marroniers d'Inde*, qui sont des arbres à feuilles opposées et palmées, et à fleurs hermaphrodites disposées en grappes dressées et pyramidales. Remarquables par leur port et la beauté de leurs fleurs, ils font l'ornement de nos jardins et de nos promenades. — Les *millepertuis*, plantes herbacées ou sous-arbrisseaux à feuilles opposées, simples et marquées de points translucides; à fleurs jaunes, dont les étamines sont polyadelphes ou réunies en plusieurs faisceaux par la base de leurs filets. — Les *orangers*, qui sont des arbres ou arbrisseaux élégans, originaires des pays chauds, dont les feuilles sont alternes, d'un beau vert et munies de petites glandes transparentes; dont les fleurs sont odorantes, et ont des étamines nombreuses polyadelphes ; et dont le fruit est pulpeux, et se sépare en autant de parties qu'il y avait de loges à l'ovaire. Sous le nom général d'oranger, on comprend comme espèces tous ces arbres odoriférans, que l'on appelle communément orangers, limoniers ou citroniers, cédratiers, pampelmousiers, etc. — L'*arbre à thé*, originaire des contrées orientales de l'Asie, et qui croît naturellement en Chine et au Japon; c'est un arbisseau toujours vert, dont les feuilles sont alternes et simples, les fleurs axillaires ou situées à l'aisselle des feuilles, et dont le fruit est une capsule à plusieurs loges. Le thé n'est autre chose qu'une préparation des feuilles de cet arbre, que l'on a desséchées, roulées et aromatisées avec différentes plantes odoriférantes.—Le *camellia* du Japon, autre arbrisseau toujours vert, qui décore aujourd'hui nos jardins et nos salons, et qui est remarquable par de grandes fleurs d'un rouge éclatant, quelquefois blanches ou panachées, qui doublent avec facilité et rivalisent en quelque sorte avec nos belles espèces de roses. Ces fleurs, lorsqu'elles sont simples, présentent un calice à cinq divisions profondes environné d'écailles imbriquées, une corolle de cinq pétales, et des étamines nombreuses, dont les filets sont soudés par leur base.—Les *vignes*, arbustes sarmenteux et grimpans, ayant les feuilles stipulées, alternes et opposées aux pédoncules, qui se changent quelquefois en vrilles. Les fleurs sont disposées en grappes : elles ont un calice très-court, une corolle de 4 à 5 pétales, souvent adhérens par le sommet, 5 étamines opposées aux pétales, un ovaire libre. Le fruit, que l'on nomme *raisin*, est une baie à une loge, renfermant de une à cinq graines osseuses. La vigne est originaire d'Asie; le suc que l'on extrait par expression des raisins murs porte le nom de *moût*. Il fournit le *vin*, lorsqu'on le laisse fermenter jusqu'à un certain point où sa saveur sucrée se fait encore reconnaître; il donne le *vinaigre* quand cette saveur est devenue très-acide. Par la distillation du vin, on obtient une liqueur spiritueuse que l'on appelle *eau-de-vie* quand elle est faible, et *esprit de vin* ou *alcool* lorsque, par des distillations successives, elle est devenue plus inflammable, plus légère et plus forte. — Les *géraniums*, plantes d'ornement : fleurs à corolle régulière de 5 pétales, contenant 10 étamines monadelphes par leur base, et un ovaire à 5 loges, surmonté d'un style allongé que terminent 5 stigmates. Le fruit se compose de cinq coques monospermes, attachées à un axe central et persistant, par de longues arètes qui se détachent avec force en se roulant de la base vers le sommet, lors de la maturité, et lancent au loin la graine qu'elles supportent. On rapproche des géraniums : la *capucine*, dont les fleurs, d'un rouge de feu éclatant, ont un calice irrégulier, éperonné à sa base; une corolle de 5 pétales inégaux, dont trois sont ciliés sur les bords;

8 étamines libres et un ovaire à 3 loges; on sait que les
boutons et les jeunes fruits de la capucine se confisent
comme des câpres, et que ses fleurs servent à orner les
salades.—La *balsamine*, plante d'ornement à fleur irrégulière, dont le calice est à 2 folioles et la corolle de
4 pétales inégaux, dont un prolongé en éperon. Elle a
cinq étamines, soudées par les anthères, un ovaire libre,
point de style; le fruit est une capsule à cinq valves,
qui s'ouvrent avec élasticité en se roulant en dedans.

VI. Famille des légumineuses[1].

Cette famille, l'une des plus naturelles et des plus
nombreuses du règne végétal, et dont le principal caractère se tire de la nature du fruit, qui dans toutes les
espèces est une gousse ou un légume (fig. 4, pl. 10), se
compose d'un nombre considérable de genres, que l'on
a divisés en trois tribus d'après l'organisation de la
fleur, dont la corolle est tantôt irrégulière et papilionacée (page 304), tantôt plus ou moins régulière, et tantôt
manque entièrement. Dans cette famille sont réunies des
plantes herbacées, des arbustes ou arbrisseaux et des
arbres d'une haute stature; leurs feuilles sont alternes,
stipulées et ordinairement composées.

1re Tribu. *Genres à corolle papilionacée.* Calice monosépale; corolle irrégulière et papilionacée (fig. 7 et 8,
pl. 12), dix étamines ordinairement diadelphes ou en
deux faisceaux (9 dans l'un et 1 dans l'autre) fig. 9, quelquefois monadelphes (genêt, cytise).

PRINCIPAUX GENRES. Parmi les plantes potagères: le
pois, le *haricot*, la *fève*, la *lentille*, dont les graines fa-
rineuses servent à la nourriture de l'homme.—Parmi les
plantes à fourrage: la *luzerne*, la *vesce*, le *trèfle*, le
sainfoin, la *gesse*, la *féverolle*, le *pois gris* ou *bisaille*.—
Parmi les plantes économiques ou propres aux arts: l'*in-
digotier*, dont les feuilles servent à l'extraction de la ma-

---

[1] Cette famille et les deux suivantes appartiennent à la classe
des dicotylédones polypétales à étamines périgynes (de Jussieu),
ou des exogènes caliciflores (de Candolle).

tière colorante bleue, connue sous le nom d'*indigo*; le *genét* des teinturiers, qui donne une couleur jaune assez vive. Le genêt d'Espagne est cultivé comme ornement dans les jardins. Parmi les plantes médicinales : la *réglisse*, le *copahu*, le *myroxylon*, qui produit les baumes du Pérou et de Tolu.—Parmi les plantes d'ornement : le *sophora* du Japon.—Le *baguenaudier*, dont les gousses d'un vert rougeâtre et vésiculeuses sont remplies d'air qui se dégage avec bruit, quand on les presse vivement entre les doigts.—Le *lotus*.—Le *robinia* ou faux acacia, auquel on donne communément le nom d'*acacia*, à fleurs ordinairement blanches, disposées en grappes pendantes, et à feuilles pennées.—Le *cytise* des Alpes ou faux ébénier, à fleurs jaunes, en grappes pendantes.

2e Tribu. *Genres à corolle régulière;* tous exotiques. Corolle de plusieurs pétales égaux, renfermant dix étamines distinctes ou soudées par leur base, dont quelques-unes sont souvent avortées ou rudimentaires.

PRINCIPAUX GENRES. Le *gaînier* ou *arbre de Judée*, dont les fleurs roses naissent immédiatement sur le bois avant le développement des feuilles.—Le *févier* aux longues épines rameuses et aux feuilles bipennées.—Le *caroubier* aux petites fleurs purpurines, et aux fruits longs d'un pied, remplis d'une pulpe rougeâtre.—Le *tamarinier* de l'Inde.—La *casse*, plante médicinale à gousse lomentacée : les feuilles et les fruits de plusieurs espèce de casse produisent le *séné*.—Le *bois de campêche* et le *bois du Brésil*, qui sont rouges ou d'un brun noirâtre, et que l'on emploie dans la teinture.

3e Tribu. *Genres sans corolle.* Calice double; étamines nombreuses et libres.—L'*acacia* véritable, à fleurs polygames et à feuilles doublement pennées. Il fournit la gomme arabique.—Le *mimosa* ou la *sensitive*, remarquable par les mouvemens singuliers et très-marqués qu'exécutent ses folioles, lorsqu'on les touche légèrement.

Appendice.

A côté de la famille des légumineuses se place celle des térébinthacées, remarquable par le grand nombre

de substances résineuses et balsamiques que fournissent
les arbres qu'on y rapporte, et qui sont tous exotiques.
Elle se distingue de la famille précédente par la régularité de sa corolle, ses étamines toujours libres, par le
manque de stipules et par la nature de son fruit, qui est
une drupe sèche ou succulente. Principaux genres : les
térébinthes ou *pistachiers*, dont une espèce donne les
amandes vertes connues sous le nom de *pistaches*, une
autre la térébenthine; l'*acajou*, dont le tronc fournit un
bois si beau et si connu; le *manguier*, dont on mange
les fruits; les *baumiers* ou *balsamiers*, qui fournissent le
baume, la myrrhe et l'encens; le *sumac*, qui sert à tan-
ner les cuirs.—Les *noyers* se rapprochent beaucoup des
térébinthacées, dont ils ont fait long-temps partie. Ils en
diffèrent en ce qu'ils ont l'ovaire adhérent; que leurs
fleurs sont monoïques, les mâles en chatons allongés,
les femelles solitaires à l'extrémité des rameaux, et qu'ils
ont pour fruit une drupe sèche, que l'on désigne sous le
nom de *noix*.

—Les *rhamnées* composent aussi une famille très-voisine
des légumineuses; ce sont des végétaux ligneux à feuilles
simples et stipulées, à fleurs petites et souvent impar-
faitement unisexuées, et qui ont pour fruit une capsule,
une drupe ou une baie. Genres principaux : le *rhamnus*
ou *nerprun*, plante médicinale; le *jujubier*, qui fournit
les jujubes, drupes rougeâtres de la grosseur d'une olive,
que l'on mange quand elles sont fraîches, et qui entrent
dans la composition de la pâte pectorale de jujubes.—
Le *houx*, arbre toujours vert, à feuilles épineuses sur
les bords, à fruits rouges, et dont l'écorce sert à préparer
la glu; le *fusain*, dont les capsules quadrangulaires sont
d'un beau rouge de rose, et dont le bois fournit un ex-
cellent charbon pour le dessin et pour la fabrication de
la poudre à canon.

VII. Famille des rosacées.

Cette grande famille, ainsi nommée à cause de l'analogie de la plupart des plantes qu'elle renferme avec
les rosiers, se compose de végétaux herbacés et ligneux,

dont les feuilles sont alternes et stipulées à la base, et qui présentent dans l'organisation de leurs fleurs ce caractère général : un calice monosépale à cinq divisions, tubuleux ou étalé; une corolle de cinq pétales égaux, étalés en rose, insérés sur le calice à l'orifice de son tube et alternes avec les divisions de son limbe; étamines ordinairement nombreuses (20 environ), placées pareillement sur le calice (fig. 1 et 2, pl. 13.)

Le pistil offre dans les différens genres des modifications qui tiennent à des phénomènes de soudure ou d'avortement, ou au développement plus ou moins considérable du réceptacle. Il se compose généralement de plusieurs carpelles ou pistils partiels, placés au fond du calice ou sur les parois de son tube; quelquefois celui-ci se resserre à son orifice en forme d'urne ou de godet, de manière à cacher les carpelles qui semblent former un ovaire infère. Ces carpelles restent distincts les uns des autres sur la paroi interne du calice, ou ils se groupent sur un réceptacle central épais et charnu, ou enfin ils se soudent entre eux et avec le tube du calice, de manière à représenter encore un ovaire infère, mais en outre simple en apparence, multiloculaire et polystyle. Enfin les carpelles peuvent être réduits à un petit nombre, ou même à l'unité par suite d'avortement, et dans ce dernier cas, le pistil total et le fruit qui en résulte sont irréguliers. Ces différences d'organisation du pistil, beaucoup plus apparentes que réelles, entraînent des variations sensibles dans le fruit des rosacées, et ces variations ont donné lieu au partage de cette famille en six tribus, auxquelles on a donné des noms particuliers et qu'on a même considérées comme des familles différentes.

1re Tribu. Les ROSÉES ou ROSIERS. Calice urcéolé (c'est-à-dire tubuleux et resserré à son orifice), contenant des carpelles nombreux et distincts, attachés à sa paroi interne et surmontés chacun d'un style. Ces carpelles forment autant de petits akènes osseux, recouverts par le calice qui devient charnu, et qui simule une sorte de baie globuleuse ou ovoïde, ex. : les *rosiers*, auxquels appartiennent l'*églantier* ou le rosier des haies; le rosier sauvage; le rosier de France ou de Provins, etc. Parmi les espèces cultivées comme plantes d'ornement, on distingue: le rosier du Bengale, qui fleurit la plus grande partie de l'année; le rosier à cent feuilles; le rosier mousseux, dont toutes les parties sont recouvertes de glandes mousseuses; le rosier des quatre-saisons ou rose pâle; le rosier de Provins; le rosier blanc.

2e Tribu. Les POMACÉES. Plusieurs carpelles (2 à 5), dont chacun porte deux ovules et un style, soudés entre eux et avec le tube du calice, de manière à figurer un ovaire simple, adhérent, à plusieurs styles. Le fruit est une pomme, c'est-à-dire un fruit charnu, couronné par le limbe du calice, et offrant deux à cinq loges cartilagineuses ou osseuses. Ce fruit ne diffère de celui des rosiers que parce que les carpelles réunis dans le tube du calice se sont soudés les uns aux autres, au lieu de rester distincts, comme dans le rosier. Cette tribu, qui se compose d'arbres ou d'arbrisseaux, nous fournit un grand nombre de fruits à pépins. Principaux genres : le *pommier*: étamines rapprochées en gerbe, cinq styles soudés à la base; fruit globuleux, ombiliqué à sa base et à son sommet, à cinq loges cartilagineuses, contenant chacune deux pépins. — Le *poirier*: étamines non rapprochées en faisceau, cinq styles distincts à la base ; fruit en forme de toupie, ombiliqué au sommet seulement, et présentant d'ailleurs la même organisation que celui du pommier. — Le *coignassier*: fruit charnu, pyriforme, jaune et cotonneux, à cinq loges, contenant chacune plus de deux pépins; ce fruit, d'une odeur forte et d'une saveur âpre et désagréable, porte le nom de *coing*. — Le *néflier*: fruit globuleux (nèfle) aplati supérieurement, et terminé par les cinq lanières du calice qui sont divergentes ; il renferme de deux à cinq loges osseuses, contenant chacune une graine. — L'*alisier*, dont le fruit est à loges cartilagineuses et auquel on rapporte l'aubépine ou épine blanche, l'aubépine de Mahon à fleurs roses, l'alouchier, l'amelanchier, l'azérolier et le buisson ardent, ainsi nommé à cause de la couleur écarlate de ses fruits. — Le *sorbier* : fleurs blanches, à trois styles; fruit mou, globuleux ou pyriforme, à trois loges cartilagineuses.

Les principales espèces sont le cormier ou sorbier domestique, et le sorbier des oiseaux, à fruit d'un rouge de corail.

3ᵉ Tribu. Les FRAGARIÉES. Calice étalé; carpelles en grand nombre, groupés sur un réceptacle commun, central, souvent épais et charnu; les fruits sont de petits akènes ou de petites drupes réunies en tête. Cette structure ne diffère de celle des rosiers que parce que le tube du calice est étalé, au lieu d'être tubuleux. Principaux genres : le *fraisier*, dont les graines sont réunies sur un réceptacle pulpeux, qui forme la partie du fruit que l'on mange.—La *ronce*, dont le fruit est composé de petites drupes, serrées intimement les unes contre les autres et réunies sur un réceptacle conique : une des espèces de ce genre est le *framboisier*.— La *bénoite*, plante médicinale à fleurs jaunes, à pistils nombreux insérés sur un réceptacle arrondi et globuleux, et se changeant en akènes, terminés par de longues barbes crochues.—La *potentille* et la *tormentille*, plantes économiques à petites fleurs jaunes, qui diffèrent du fraisier, en ce que leur réceptacle ne devient point pulpeux; la première a cinq pétales, la seconde quatre.

4ᵉ Tribu. Les AMYGDALÉES OU DRUPACÉES. Arbres ou arbustes à feuilles simples, à fleurs blanches ou rosées, ayant un ovaire simple, libre et surmonté d'un style; caractérisés par leur fruit, qui est une drupe charnue contenant un seul noyau, à deux graines ou à une seule par avortement. La plupart de ces plantes contiennent dans leurs diverses parties une quantité plus ou moins notable d'acide prussique. Principaux genres : l'*amandier*, dont le fruit a la chair peu épaisse, presque sèche et recouverte d'un duvet court.—Le *prunier*, le *pêcher*, l'*abricotier*, le *cerisier*, dont les drupes sont charnues et marquées d'un sillon longitudinal, et qui diffèrent par la forme de leur noyau. Le merisier fait partie du dernier genre.

5ᵉ Tribu. Les SANGUISORBÉES. Calice urcéole, contenant un ou deux ovaires, surmontés chacun d'un style, fruit à deux akènes enveloppés par le calice. Fleurs souvent unisexuelles, corolle de quatre à cinq pétales, quelquefois nulle; plantes herbacées. Principaux genres : la *sanguisorbe*, plante médicinale à fleurs rougeâtres en épi.—La *pimprenelle*, plante médicinale à fleurs rougeâtres, réunies en tête et ordinairement polygames. — l'*aigremoine*, plante médicinale à fleurs jaunes, disposées en épi, ayant de 12 à 20 étamines.

6ᵉ Tribu. Les SPIRÉES. Plusieurs ovaires libres, surmontés chacun d'un style; autant de capsules, à une ou plusieurs graines, étamines nombreuses, corolle de cinq pétales. Genre unique : les *spirées*, plante d'ornement, à fleurs blanches ou rosées, disposées en corymbe ou en cime.

Appendice.

Près de la famille des rosacées viennent se placer les genres suivans, qui sont devenus les types d'autant de familles particulières : les *myrtes*, arbrisseaux élégans, à feuilles opposées et à fleurs régulières, ayant la corolle et les étamines, qui sont nombreuses, placées sur le calice. A la famille des myrtes appartiennent le gérofiler, dont les boutons sont connus sous le nom de *clous de gérofle*, et employés comme aromate; le grenadier commun aux fleurs d'un beau rouge; le syringa ou seringa odorant des jardins, et le métrosidéros aux fleurs d'un rouge foncé, rangées autour du pédoncule en forme de goupillon, et dont les étamines sont longues et saillantes.—Les *groseilliers*, dont les baies sont si connues par l'usage que l'on en fait comme aliment.—Les *cactus* ou cierges, plantes grasses, remarquables par la beauté de leurs fleurs et la singularité de leurs tiges, qui sont tantôt globuleuses, tantôt cylindriques ou anguleuses, tantôt formées d'articulations superposées. Elles sont dépourvues de véritables feuilles, qui sont remplacées par de petits faisceaux d'aiguillons. (Principales espèces : la raquette, composée de plaques articulées; le melon épineux; le cierge du Pérou; le serpentin, etc.) —Les *joubarbes*, plantes herbacées à feuilles simples et charnues, à fleurs régulières ayant des pétales, des étamines et des ovaires en nombre égal à celui des divisions du calice, et quelquefois en nombre double.—Les *saxi-*

frages, plantes médicinales et d'ornement, dont les feuilles sont aussi quelquefois épaisses, et dont le fruit est une capsule terminée ordinairement par deux cornes divergentes. On rapproche de ce genre l'hydrangea, dont l'hortensia, si commun aujourd'hui dans nos jardins, est une espèce. La plupart des fleurs de l'hortensia sont stériles, et formées presque en totalité de bractées pétaliformes.

VIII. Famille des ombellifères [1].

Plantes herbacées à feuilles alternes engaînantes, ordinairement découpées ou décomposées en folioles ; à fleurs disposées en ombelles simples ou composées (fig. 3, pl. 13) ; à la base de ces assemblages de fleurs, se trouvent souvent plusieurs petites folioles formant une collerette que l'on nomme *involucre* ou *involucelle*, selon qu'elles entourent la base des ombelles, ou celle des ombellules. Chaque fleur se compose d'un calice adhérent avec l'ovaire, et dont le limbe est entier ou à cinq dents ; d'une corolle de cinq pétales insérés sur l'ovaire, de cinq étamines épigynes alternes avec les pétales ; d'un ovaire à deux loges renfermant chacune un seul ovule et de deux styles persistans et divergens. Cet ovaire est surmonté d'un disque formant deux mamelons qui se confondent avec la base des deux styles (fig. 4, pl. 13) ; le fruit est composé de deux akènes, qui se séparent de bas en haut, lors de la maturité (fig. 5.)

Principaux genres : l'*anis*, plante médicinale et économique. — Le *fenouil*. — L'*ache*, dont les espèces les plus connues sont le *persil* et le *céleri*.—Le *cerfeuil*.—La *grande ciguë*, la *petite ciguë* et la *ciguë vireuse* ; plantes remarquables par leur suc vénéneux. La petite ciguë ressemble beaucoup au persil, mais on les distingue en ce que celui-ci a des fleurs d'un jaune verdâtre, une tige cannelée et une odeur aromatique, tandis que la petite ciguë a les fleurs blanches, la tige lisse et une odeur vi-

[1] Cette famille appartient à la classe des dicotylédones polypétales à étamines épigynes (de Jussieu), ou à celle des exogènes caliciflores (de Candolle).

reuse et nauséabonde.—Le *panais* et la *carotte*, dont les racines succulentes servent d'aliment et d'assaisonnement.—L'*angélique*, dont les tiges blanchies et confites au sucre forment une conserve d'un goût agréable. — La *férule* et la *livèche* officinales.

IX. Famille des rubiacées [1].

On trouve dans cette famille des plantes herbacées, des arbustes et des arbres (surtout dans les genres exotiques, qui sont très-nombreux), à feuilles entières, verticillées ou opposées avec stipules ; à fleurs composées d'un calice adhérent à l'ovaire, dont le limbe est entier ou denté, d'une corolle régulière à quatre ou cinq lobes insérée sur l'ovaire (fig. 6 et 7, pl. 13), d'étamines en même nombre et alternes avec ces lobes, d'un ovaire à deux loges, surmonté d'un style à deux stigmates ou bien d'un ovaire à un plus grand nombre de loges , contenant chacune un ou plusieurs ovules. Le fruit est tantôt formé de deux petites coques accolées, tantôt c'est une capsule ou une baie ; les graines ont un périsperme corné.

Principaux genres. Le *rubia tinctorum* ou la *garance*, dont la racine fournit une couleur rouge à l'art de la teinture.—Le *caille-lait*, à feuilles linéaires et verticillées, et à fleurs blanches ou jaunes, offrant une corolle rosacée à quatre lobes aigus.—Le *cafier* ou *café d'Arabie* (fig. 6, pl. 13), dont le fruit est une baie de la grosseur et de la couleur d'une petite merise (fig. 8), contenant deux graines planes et sillonnées d'un côté, convexes de l'autre. Ces graines, qui constituent le café du commerce, sont formées par un périsperme corné, très-volumineux, entourant un petit embryon. — Les *cinchona* du Pérou , dont l'écorce fournit le quinquina, que l'on emploie en médecine comme fébrifuge.—Les *ipécacuanha*, dont les racines fournissent la poudre de ce nom, que l'on emploie comme émétique.

[1] Cette famille appartient à la classe des dicotylédones monopétales à étamines épigynes, et à anthères distinctes (de Jussieu), ou à celle des exogènes caliciflores (de Candolle).

Appendice.

A côté des rubiacées se place la famille des *chèvre-feuilles*, qui renferme des arbrisseaux à feuilles opposées sans stipules et à fleurs en corymbe, entre autres : le *chèvre-feuille des jardins*, dont la corolle est tubuleuse et à cinq divisions un peu inégales ; les *viornes*, parmi lesquelles on distingue le *laurier-tin* et la *boule de neige*; le *sureau*, le *lierre* et le *cornouiller*. Après les chèvre-feuilles viennent les *valérianées*, qui forment une famille de plantes herbacées à feuilles opposées, et à fleurs plus ou moins irrégulières, parmi lesquelles nous citerons : la *valériane officinale*, la *valériane rouge*, plante d'ornement à une seule étamine, et la *mâche* ou *doucette*, plante potagère. Après les valérianes viennent les *dipsa-cées*, famille de plantes qui a pour type le *dipsacus* ou *chardon à foulon*, et la *scabieuse* de nos jardins. Ces plantes se rapprochent beaucoup par le port des composées ou synanthérées : leurs fleurs sont en effet réunies en tête ou capitule sur un réceptacle commun garni d'écailles, et entourées d'un involucre commun : mais chacune d'elles a son petit involucre particulier, et ses étamines ont leurs anthères écartées et distinctes. Les capitules du chardon à foulon sont employés, lorsqu'ils sont mûrs et secs, par les bonnetiers et les fabricans d'étoffes de laine, pour peigner leurs tissus et en tirer les poils. Le dipsacus des bois est remarquable par sa tige cannelée, de trois à quatre pieds, portant des feuilles connées, dont les bases réunies forment un godet qui contient souvent deux ou trois onces d'eau.

X. Famille des synanthérées [1].

La famille des synanthérées, désignée par les anciens botanistes sous le nom de composées, comprend des plantes herbacées ou ligneuses, à feuilles le plus souvent alternes, et à fleurs agrégées d'une matière si intime que leur as-

---

[1] Cette famille appartient à la classe des dicotylédones monopétales à étamines épigynes et à anthères réunies (de Jussieu), ou à celle des exogènes caliciflores (de Candolle).

semblage paraît ne former qu'une seule fleur. Ces fleurs sont très-petites, réunies en tête et serrées étroitement sur un réceptacle commun, qu'entoure un involucre de plusieurs folioles. Chacune d'elles en particulier offre un calice adhérent à l'ovaire, dont le limbe, rarement nul, se présente sous la forme de dents ou d'une aigrette qui couronne la graine (fig. 4, pl. 14); une corolle monopétale, insérée au sommet de l'ovaire, tantôt régulière, tubuleuse et à cinq dents (*fleuron*), fig. 4 et 7, tantôt irrégulière et déjetée en languette d'un seul côté (*demi-fleuron*), fig. 2; cinq étamines alternes avec les lobes de la corolle, et dont les anthères sont réunies en un tube qui donne passage au pistil; un ovaire monosperme, surmonté d'un style à deux stigmates; par avortement les fleurs peuvent être mâles, femelles ou neutres. Le fruit est un akène nu ou couronné d'une aigrette, la graine est sans périsperme. Sur le réceptacle, on trouve fréquemment à la base de chaque fleur de petites écailles ou des poils plus ou moins nombreux. Cette famille se partage naturellement en trois tribus principales de la manière suivante.

1re Tribu. Les SÉMI-FLOSCULEUSES OU CHICORACÉES. Fleurs toutes en languette et hermaphrodites (fig. 1, pl. 14), aigrette nulle ou simple, ou plumeuse ou écailleuse. Réceptacle nu ou garni de poils, ou de paillettes.

PRINCIPAUX GENRES : la *chicorée*, plante potagère, dont les fleurs sont d'un bleu clair ou blanches (chicorée sauvage, chicorée frisée, etc.). — La *laitue*, plante potagère à fleurs jaunes ou bleues (escarolle, romaine, laitue pommée, crépue).—Le *salsifix*, plante potagère. — Le *pissenlit*.

2e Tribu. Les FLOSCULEUSES (CARDUACÉES OU CINAROCÉPHALES). Fleurs toutes tubuleuses, réceptacle charnu, presque toujours garni de paillettes, stigmate articulé au sommet du style; feuilles souvent roncineuses, épineuses et décurrentes (fig. 3, pl. 14).

PRINCIPAUX GENRES: le *chardon*, à involucre composé d'écailles imbriquées et épineuses. — L'*artichaut* ou *cinare*, dont on recueille les capitules ou têtes avant l'épanouissement des fleurs, et dont on mange le réceptacle et la base des feuilles : ce réceptacle est garni de soies simples ; une espèce de ce genre est le *cardon*, que l'on cultive aussi dans les jardins, et dont on mange les pétioles et les côtes ou nervures médianes des feuilles.—Le *carthame* des teinturiers, dont les fleurs fournissent deux principes colorans, l'un rouge et l'autre jaune.—La *bardane*, plante médicinale.—L'*échinops* ou la *boulette*, à fleurs réunies en tête sphérique, et munies chacune d'un involucre particulier. — La *centaurée*, dont les fleurons extérieurs sont stériles et plus grands que ceux du centre : le chardon béni, le bluet des champs appartiennent à ce genre. Et enfin quelques genres, qui semblent former le passage à ceux de la troisième tribu : la *tanaisie*, plante médicinale à fleurs jaunes, disposées en corymbe, les fleurons du centre hermaphrodites à cinq lobes, ceux de la circonférence femelles et à trois lobes. —L'*armoise*, dont les fleurons sont pareillement polygames, et à laquelle appartiennent comme espèces l'estragon, l'absinthe, la citronelle. — Les *gnaphalium*, dont les involucres colorés et persistans leur ont valu le nom générique d'*immortelles*.—Le *tussilage*, dont les fleurs sont tantôt flosculeuses, et tantôt radiées comme dans la tribu suivante.

3ᵉ Tribu. Les RADIÉES OU CORYMBIFÈRES. Capitules composés de fleurons au centre et de demi-fleurons à la circonférence (fig. 5, pl. 14). Les demi-fleurons sont ordinairement femelles ou neutres, le réceptacle est peu ou point charnu, le stigmate n'est point articulé sur le style.

PRINCIPAUX GENRES : la *pâquerette* ou la petite marguerite, dont on cultive les variétés à fleurs doubles.—Le *chrysanthème* ou la grande marguerite.—Le *souci*, qui a les fleurons mâles et stériles, et les demi-fleurons femelles et fertiles, couleur d'un jaune orangé vif.—Le *tagétès* ou œillet d'Inde. — Les *doronics* aux longs rayons jaunes.—Les *asters*, parmi lesquels on distingue la *reine-marguerite*, originaire de la Chine, et dont les nombreuses variétés font l'ornement de nos jardins, depuis le milieu de l'été jusqu'aux premières gelées. — Les *dahlias* du Mexique, remarquables par leurs brillantes couleurs, et qui se propagent aisément par leurs racines tuberculeuses. — Le *zinnia* élégant du même pays, à rayons d'un rose pourpré, et dont le disque est conique et d'un pourpre obscur.—Les *coreopsis*, aux fleurs brillantes, noires au centre, et jaunes à la circonférence. —Les *hélianthes*, dont les espèces les plus remarquables sont le *tournesol* ou *grand soleil des jardins*, remarquable par la grandeur de ses capitules, et le *topinambour*, dont la racine fournit des tubercules charnus, rougeâtres extérieurement, qui sont un aliment pour l'homme et les animaux domestiques.—Le *séneçon*.—La *verge d'or*.—La *camomille* et la *millefeuille*, plantes médicinales.

Appendice.

Après les synanthérées viennent se placer les genres suivans, qui sont devenus les types d'autant de petites familles : les *campanules* [1], plantes herbacées à suc laiteux, à feuilles alternes, à fleurs régulières, ayant un calice adhérent à l'ovaire; une corolle monopétale en cloche, marcescente, et à cinq divisions; cinq étamines alternes avec ces divisions, à filamens élargis vers la base; et un ovaire infère surmonté d'un style. Le fruit est une capsule à plusieurs loges; à ces plantes appartient la *raiponce*, plante potagère, dont on mange la racine en salade. — Les *bruyères*, qui sont des arbustes à feuilles linéaires et toujours vertes, d'une forme élégante et d'un aspect agréable (bruyère en arbres, bruyère à balais, bruyère cendrée à fleurs purpurines). On y rapporte l'*arbousier*, à fruits rouges, charnus, de la grosseur d'une cerise.—Les *rosages* ou *rhododendron* des Alpes, arbrisseaux toujours verts, d'un port élégant, dont les fleurs rouges ou jaunes sont grandes et disposées en bouquets à l'extrémité des rameaux. Ces fleurs ont une corolle en cloche, à cinq lobes profonds et dix étamines qui se portent toutes vers la partie inférieure.—Les *pla-*

---

[1] Ces genres appartiennent à la classe des dicotylédones monopétales à étamines périgynes (de Jussieu), et à celle des exogènes caliciflores (de Candolle).

queminiers, qui sont des arbres dont le bois, très-dur, est souvent d'une teinte noire à son centre. Une espèce de ce genre fournit le bois d'ébène. A côté des plaque-miniers viennent se ranger les *sapotiliers*, qui sont des arbres exotiques, à fruits charnus, gros comme une pomme, ayant leurs troncs et leurs branches remplis d'un suc lactescent. On rapporte à ce groupe *l'arbre à vache*, dont le suc laiteux est propre à la nourriture de l'homme; le *bois de fer*, ainsi nommé à cause de la dureté de son bois; le *jacquinier* à fleurs orangées et à baies rouges, dont les Caraïbes se font des bracelets.

XI. FAMILLE DES JASMINÉES [1].

Cette famille se compose de végétaux ligneux à feuilles opposées, dont les fleurs ont un calice tubuleux, une corolle monopétale régulière, et pareillement tubuleuse (à quatre ou cinq divisions); deux étamines seulement, un ovaire libre, surmonté d'un style à stigmate bilobé (fig. 8, pl. 14). Le fruit est tantôt une capsule, tantôt une baie.

PRINCIPAUX GENRES: le *jasmin*, si recherché à cause de l'odeur suave de ses fleurs, dont la corolle est à cinq lobes.—*L'olivier*, si précieux par son fruit, qui est une drupe ovoïde à chair huileuse, renfermant un noyau à une seule graine (fig. 9); sa corolle est courte et à quatre lobes. On le reconnaît à ses petites fleurs blanches et à ses feuilles d'un vert-blanchâtre, entières, lancéolées et persistantes. Cet arbre, naturalisé dans les parties méridionales de la France, est originaire d'Asie; tout le monde sait que l'huile à manger s'extrait des olives en soumettant celles-ci à la presse. — Le *lilas*, dont la corolle est à quatre divisions, et dont le fruit est une capsule. Les fleurs d'un violet tendre forment de grandes panicules pyramidales à l'extrémité des rameaux. On en

---

[1] Cette famille et les trois suivantes appartiennent à la classe des dicotylédones monopétales à étamines hypogynes (de Jussieu), ou à celle des exogènes corolliflores (de Candolle). Cette dernière classe a pour caractère une corolle monopétale portant les étamines et insérée sur le réceptacle.

cultive plusieurs variétés : lilas commun, lilas varin , lilas de Perse.—Le *frêne*, sur lequel on greffe le lilas ; c'est un arbre à fleurs polygames, complètes ou incomplètes, dont le fruit est une capsule ailée ou membraneuse sur les bords. — L'*orne* est une espèce de frêne, d'où découle le suc légèrement purgatif qu'on appelle *manne*.

Appendice.

A côté des jasminées viennent se ranger les *apocinées*, qui sont des herbes ou des arbrisseaux lactescens à feuilles opposées et à fleurs régulières , dont l'ovaire est libre et géminé, et dont le fruit est un double follicule. Leur suc est âcre, purgatif ou très-vénéneux. Cette famille comprend entre autres genres : l'*apocin*, dont on cultive dans les jardins une espèce connue sous le nom vulgaire de gobe-mouches, parce que ces insectes, attirés par le suc mielleux répandu au fond de ses fleurs, y insinuent leur trompe qui se gonfle et s'y trouve retenue. — Le *nérium* ou *laurier-rose*. — Les *pervenches* aux tiges rampantes et aux fleurs bleues, dont les corolles sont à cinq lobes obliquement tronqués et contournés.—Les *strychnos*, dont les graines fournissent la *noix vomique* et la *fève de saint Ignace*, deux poisons des plus actifs ; l'*upas-tieuté*, dont les naturels de Java se servent pour empoisonner leurs flèches , est le suc d'une espèce de strychnos. A la suite des apocinées se placent les genres *gentiane* et *bignone*, qui sont devenus chacun le type d'une famille nouvelle. Les gentianes sont des plantes herbacées, amères, à feuilles opposées et à fleurs régulières : la gentiane jaune est la plus remarquable par sa taille et ses usages en médecine. Les bignones sont des plantes ligneuses à feuilles opposées, à fleurs irrégulières, dont les étamines sont ordinairement au nombre de quatre et didynames. On distingue parmi elles le *catalpa* de la Caroline, à grandes feuilles cordiformes d'un beau vert et à fleurs blanches veinées de violet et disposées en corymbes.

XII. Famille des borraginées.

Les borraginées sont des plantes pour la plupart herbacées, quelquefois ligneuses, à feuilles alternes ordinairement couvertes de poils rudes, ainsi que les tiges qui sont cylindriques. Leurs fleurs forment des épis roulés en crosse à leur sommet : elles ont toutes leurs parties au nombre de cinq, à l'exception de l'ovaire qui est libre, et partagé visiblement en quatre ovaires partiels, globuleux, du milieu desquels s'élève un style terminé par un stigmate simple ou bilobé (fig. 1, 2 et 3, pl. 15). Le fruit est formé de quatre akènes, réunis au fond du calice persistant. La corolle est monopétale, régulière, rosacée ou infundibuliforme, et sa gorge est nue ou fermée par cinq appendices saillans.

PRINCIPAUX GENRES : parmi les plantes médicinales, la *bourrache* aux fleurs bleues ou violettes, à corolle rosacée ou étoilée.—La *cynoglosse*.—La *consoude*.—La *buglosse*.—La *pulmonaire*. Parmi les plantes d'ornement : la *vipérine*.—Le *myosotis*.—L'*héliotrope*, ainsi nommé parce que ses fleurs se tournent toujours du côté du soleil : on cultive celui du Pérou à cause du parfum agréable que répandent ses fleurs.

Appendice.

Près des borraginées se placent les *convolvulacées*, famille qui tire son nom du principal genre, le *convolvulus* ou *liseron*. Les liserons sont des plantes herbacées, à tige grimpante et à feuilles alternes, dont les fleurs sont régulières et en cloche. La corolle est à cinq lobes plissés, l'ovaire est simple et libre, à un ou deux styles ; le fruit est une capsule à une ou plusieurs loges. La plupart de ces plantes fournissent un suc laiteux, âcre et purgatif, abondant surtout dans la racine, qui est souvent tubéreuse et charnue. Nous citerons parmi les espèces remarquables du genre liseron : le *liseron des champs* et celui des haies ; le *liseron tricolore* ou la *belle du jour* ; le *jalap*, dont la racine est usitée en médecine comme purgatif ; la *patate*, plante potagère, dont les racines tubéreuses et charnues fournissent un aliment aux peuples qui habitent entre les tropiques. On rapporte à la même famille le genre *cuscute*, qui comprend des plantes parasites d'un aspect singulier; elles ont des tiges grêles, filiformes, rouges ou blanches, entièrement dépourvues de feuilles; elles s'enlacent autour des herbes voisines sur lesquelles elles se cramponnent au moyen de petits suçoirs ; elles vivent à leurs dépens, et ne tardent point à les faire périr. Elles viennent assez communément sur le thym, la bruyère, le chanvre, le lin et la luzerne, et se répandent sur de grands espaces avec une effrayante rapidité. Les *polémoniacées* forment une petite famille voisine des convolvulacées, dont elles diffèrent par la structure et le mode de déhiscence de leurs capsules. Ce sont des végétaux herbacés ou ligneux, à tige droite ou grimpante, à feuilles alternes ou opposées. On y rapporte plusieurs plantes qui servent à l'ornement des jardins : la *polémoine bleue*.—Le *phlox* à fleurs régulières blanches ou violettes, dont les corolles se composent d'un tube droit, plus ou moins long, terminé par un limbe plane.—Le *cobea grimpant*, que l'on cultive partout dans les villes, pour couvrir les berceaux ou décorer les murs et les fenêtres, tant à cause de la rapidité de sa croissance que de la beauté de ses fleurs, qui changent successivement de couleur depuis le rouge brun jusqu'au violet intense.

XIII. Famille des solanées.

Cette famille se compose de plantes herbacées ou ligneuses, à feuilles alternes, et dont l'aspect est généralement triste et sombre. Leurs fleurs ressemblent à celles des borraginées, quant à la symétrie générale (fig. 4 et 5, pl. 15); mais l'ovaire, au lieu d'être divisé en quatre lobes, est simple et à plusieurs loges (fig. 7), et le fruit est une capsule ou une baie.

Principaux genres. Le *solanum* ou la *morelle*, dont la corolle est rotacée, à tube très-court et à limbe étalé, et les étamines dressées et serrées les unes contre les autres (fig. 4, pl. 15); le fruit est une baie à deux loges. A ce genre appartiennent la *morelle tubéreuse* ou la *pomme de terre*, originaire du Pérou, et dont les tubercules souterrains sont, après les céréales, l'aliment le plus précieux pour l'homme, en même temps qu'ils servent à préparer de l'amidon, de l'alcool et du sucre ; la *morelle mélongène* ou *l'aubergine*, à gros fruits charnus, blancs ou violets, que l'on mange quand ils sont cuits ; une de ses variétés dont le fruit ovale, et d'un blanc luisant, ressemble à un œuf de poule, se cultive comme plante d'agrément ; la *morelle tomate* ou *pomme d'amour*, dont le fruit est une baie rouge. — La *morelle douce-amère*, plante médicinale, à tige sarmenteuse et grimpante, à fleurs violettes et à fruit rouge.—Le *tabac ordinaire*, plante annuelle, haute de deux à quatre pieds, à feuilles alternes, ovales, longues d'un pied et larges de trois à quatre pouces. Ces feuilles ont une odeur vireuse et désagréable, quand elles sont fraîches ; mais lorsqu'elles ont subi un commencement de fermentation leur odeur est piquante et très-agréable, on les coupe alors en petits fragmens ou on les réduit en poudre, pour en faire du tabac à fumer ou du tabac à priser. — La *moléne*, dont une espèce (*le bouillon blanc*) est à fleurs jaunes, adoucissantes et pectorales.—La *jusquiame*, autre plante médicinale.—La *belladone*, dont les fruits semblables à des cerises sont un poison violent ; l'espèce de ce genre la plus redoutable par ses qualité délétères porte le nom de *mandragore*.—Le *coqueret* ou *alkékenge*, dont le fruit est une baie rouge ou jaune, de la grosseur d'une petite cerise, et renfermée dans le calice qui s'est accru et renflé en vessie pendant la maturation ; cette baie est aigrelette, d'un goût assez agréable et n'est nullement vénéneuse.—Le *datura* ou la *stramoine*, remarquable par la grandeur de ses fleurs, dont la corolle est en entonnoir et à limbe plissé.—Le *piment*, dont le fruit s'emploie comme assaisonnement.

Appendice.

La famille des *scrophulariées* ou des *personnées*, comprend les végétaux que Tournefort réunissait sous ce dernier nom, parce qu'ils ont une corolle irrégulière personnée ou en masque ; quelquefois leur corolle est à deux lèvres, comme celle des labiées, avec lesquelles ils ont beaucoup de rapport, mais dont ils diffèrent par leur fruit, qui est une capsule à plusieurs loges, comme le fruit des solanées. La plupart ont une odeur et une saveur désagréable et des propriétés dangereuses ; leurs étamines sont ordinairement au nombre de quatre et didynames, rarement au nombre de deux : elles sont insérées à la corolle monopétale. On distingue parmi les genres de cette famille : la *scrophulaire*, plante médicinale, à corolle presque globuleuse et à deux lèvres. — L'*antirrhinum* ou le *muflier*, vulgairement *mufle de veau* ou *gueule de lion*, plante d'ornement, à fleurs rouges ou blanches dont la corolle est à deux lèvres fermées avec une bosse à la base.—La *digitale*, à corolle tubuleuse, ventrue, dont le limbe oblique est à quatre lobes inégaux : une des plus belles espèces de ce genre est la *digitale pourprée*, dont les fleurs sont purpurines, tachetées intérieurement, pendantes, toutes tournées d'un même côté et formant un épi simple.—La *linaire*, aux fleurs éperonnées.—La *gratiole* et l'*euphraise*, plantes médicinales.—La *pédiculaire* des bois et des marais. — Les *véroniques*, aux petites fleurs bleues, à corolle rotacée, portant seulement deux étamines. On rapporte encore à cette famille l'*orobanche*, qui est une plante parasite, sans feuilles, d'un aspect triste et comme desséchée.

XIV. Famille des labiées.

Plantes herbacées ou sous-ligneuses à tige carrée, à feuilles simples et opposées, à fleurs irrégulières et odorantes : la plupart aromatiques. Le calice est monosépale tubuleux, à cinq dents inégales ou à deux lèvres. La corolle est monopétale, tubuleuse, à limbe partagé en deux lèvres (fig. 8, pl. 15), l'une supérieure à deux lobes, et l'autre inférieure à trois. Les étamines sont ordinairement au nombre de quatre et didynames, rarement au nombre de deux, et elles sont insérées à la corolle sous la lèvre supérieure ; l'ovaire est libre et à quatre lobes, comme dans les borraginées (fig. 9 et 3 ; pl. 15); du milieu de ces lobes part un style terminé par un stigmate à deux divisions ; le fruit est formé de quatre akènes, cachés au fond du calice persistant.

PRINCIPAUX GENRES : la *sauge*, à corolle bilabiée dont la lèvre supérieure est en faucille ; les étamines, au nombre de deux seulement, ont leurs loges séparées par un connectif, placé transversalement sur le filet.—Le *romarin*, arbrisseau très-aromatique à feuilles sessiles, étroites et lancéolées, et à fleur d'un bleu très-pâle n'ayant que deux étamines.—La *monarde*, autre plante à deux étamines. Tous les genres suivans ont quatre étamines didynames : le *basilic* ; le *thym*, dont une espèce est le serpolet ; la *lavande* ; la *mélisse* ; la *menthe* ; le *marrube* ; la *ballote* ; la *cardiaque* ; la *bétoine* ; la *germandrée* ; la *sarriette* ; l'*hysope* ; l'*origan* ; la *bugle* ; la *cataire* ; le *glécome* ou *lierre terrestre* ; le *lamium* ou l'*ortie blanche* ; le *phlomis* et la *brunelle*. Des espèces de ces deux derniers genres sont cultivées comme plantes d'agrément, ainsi que la monarde aux fleurs verticillées d'un rouge vif, la sauge écarlate, le romarin, le basilic, etc. Presque tous les genres que nous venons de citer, fournissent des plantes médicinales.

Appendice.

A côté des labiées viennent se ranger plusieurs genres qui sont les types d'autant de familles : la *verveine*, à quatre étamines didynames, et dont le fruit est une capsule indéhiscente, à quatre loges monospermes.—L'*acanthe*, à étamines pareillement didynames et à fruit déhiscent ; remarquable par ses feuilles d'un vert foncé, luisantes et si élégamment découpées.—La *primevère*, dont les bouquets de fleurs jaunes, odorantes, sont la première parure de nos prairies au retour du printemps : c'est une plante herbacée à feuilles radicales et à fleurs régulières, mais dont les étamines sont opposées aux divisions de la corolle qui est monopétale et infundibuliforme ; son fruit est une capsule qui s'ouvre en dix dents au sommet. On cultive dans les jardins une espèce de primevère sous le nom d'*oreille d'ours*.

XV. Famille des polygonées [1].

Plantes la plupart herbacées, à feuilles alternes, engaînantes à leur base, et roulées en dessous jusqu'à la nervure moyenne dans leur jeunesse. Fleurs le plus ordinairement petites et verdâtres, dont le périanthe simple (calice ou périgone) est monosépale, et souvent persistant (fig. 10, pl. 15). Etamines en nombre variable, mais déterminé pour chaque genre, ovaire libre à plusieurs styles ou stigmates et à une seule loge, contenant un seul ovule (fig. 11); fruit consistant en une cariopse souvent triangulaire, nue ou recouverte par le calice, et dont le périsperme est farineux.

PRINCIPAUX GENRES : les *polygonum* ou les *renouées*, plantes économiques ou d'ornement, dont les fleurs ont ordinairement huit étamines, et dont font partie le sarrazin ou le blé noir, avec les graines duquel on fait du pain dans plusieurs contrées de la France, et la bistorte, dont la racine articulée et formant plusieurs coudures, est employée en médecine.—Les *rumex*, à six étamines, dont l'*oseille* et la *patience* sont des espèces ; on sait que l'on mange les feuilles de la première, et que la racine de la seconde est employée en médecine comme dépurative.—Les *rhubarbes*, dont les racines fournissent un médicament légèrement purgatif.

Appendice.

En avant des polygonées, et entre elles et les labiées, se placent un certain nombre de familles, dont la plupart renferment des plantes à étamines hypogynes et forment pour cela une classe particulière dans la méthode de M. de Jussieu : telles sont celles qui ont pour type le genre *statice* ou *gazon d'olympe*, que l'on cultive en

---

[1] Cette famille et la suivante appartiennent à la classe des dicotylédones apétales, à étamines périgynes (de Jussieu) ou à celle des exogènes monochlamydées, c'est-à-dire à périgone simple (de Candolle). On a supposé que dans ce cas, le calice et la corolle ne formaient qu'une seule enveloppe.

bordure dans les jardins; le genre *nyctage*, à double enveloppe florale (involucre et calice), et dont une espèce, la *belle de nuit*, est connue pour ses belles fleurs, de couleur variée, qui ne s'épanouissent que le soir ou le matin.—Le genre *plantain*, à double enveloppe florale comme le précédent, à quatre étamines saillantes, et à fruit capsulaire, s'ouvrant en boîte à savonnette. — Le genre *amaranthe*, dont plusieurs espèces servent à l'ornement des jardins, entre autres l'amaranthe *queue de renard*, à feuilles rougeâtres et à fleurs en longues grappes pendantes, d'un rouge cramoisi, et l'amaranthe *crète de coq* ou *passe-velours*, dont les fleurs très-petites et très-nombreuses sont serrées en têtes aplaties et plissées, que l'on prendrait pour des crêtes ou des morceaux de velours épais.—La famille des *arroches*, très-voisine des amaranthes, se rapproche davantage des polygonées par ses étamines périgynes; elle comprend plusieurs végétaux intéressans : l'*arroche* des jardins et l'*épinard* dont on mange les feuilles; la *bette* ou *poirée*, dont les racines tubéreuses et charnues se nomment *betteraves*; le *salsola* ou la *soude*, dont les cendres fournissent la soude du commerce.

XVI. Famille des laurinées.

Arbres ou arbrisseaux, d'un port élégant, ornés en tout temps de feuilles lisses, luisantes et ordinairement alternes. Les fleurs apétales ont un calice monosépale à quatre ou six divisions profondes ; des étamines au nombre de huit à douze, insérées à la base du calice; un ovaire libre à une seule loge. Le fruit est une drupe ou baie dont la base est entourée par le calice persistant (fig. 12 et 13, pl. 15).

Principaux genres: les *lauriers*, arbres odorans, qui fournissent plusieurs substances aromatiques, et dont les principales espèces sont : le *laurier commun* ou d'Apollon, dont les feuilles servent à aromatiser les alimens; le *laurier cannellier*, originaire de Ceylan, et dont l'écorce est la *canelle*; le *laurier camphrier*, dont on extrait une huile volatile concrète qui est le camphre. — Les *muscadiers*, dont le fruit est une sorte de drupe contenant une seule graine recouverte d'une arille découpée en lanières. L'arille, qui est d'un rouge orangé, porte le nom de *macis*: elle donne une huile volatile très-odorante. La muscade du commerce, que l'on emploie comme aromate, est la graine proprement dite : elle est ovoïde, dure et marbrée intérieurement.

Appendice.

A peu de distance des laurinées se placent les *aristoloches*, plantes herbacées ou arbustes volubiles, dont les fleurs sont remarquables par leur calice ou périgone tubuleux, ventru à la base, dilaté au sommet et prolongé en languette d'un côté; et par leur ovaire adhérent surmonté d'un style auquel adhèrent les étamines. Elles forment dans la méthode de Jussieu une classe à part, celle des plantes apétales à étamines épigynes. Les principales espèces d'aristoloches sont : *l'aristoloche clématite*, à fleurs jaunes, très-commune aux environs de Paris; et *l'aristoloche syphon*, cultivé dans les jardins, et qui est remarquable par ses grandes feuilles cordées et ses fleurs en forme de pipe.

XVII. Famille des urticées [1].

Cette famille contient des arbres, des arbrisseaux et des herbes, à fleurs unisexuelles, petites, verdâtres, monoïques ou dioïques, tantôt solitaires, tantôt disposées en grappe ou en chaton, tantôt renfermées dans un involucre charnu. Fleurs mâles à quatre ou cinq étamines, insérées à la base du calice : fleurs femelles à ovaire simple et libre, surmonté de deux stigmates. Fruit variable, sec ou charnu. Cette famille se partage en deux tribus: celle des urticées proprement dites, à fleurs solitaires et à fruits secs, et celle des artocar-

---

[1] Cette famille et les deux suivantes appartiennent à la classe nommée *diclinie*, par de Jussieu, et à celles des exogènes monochlamydées (de Candolle).

pées, à fleurs renfermées dans un réceptacle commun et à fruits charnus.

1ʳᵉ Tribu. Les URTICÉES, plantes herbacées ou petits arbustes, à fibres souples et résistantes. Presque toutes fournissent une écorce propre à fabriquer du fil et du papier.

PRINCIPAUX GENRES : les *orties*, à fleurs disposées en grappe ou en tête ; la tige et les feuilles sont recouvertes de poils, dont la piqûre est très-brûlante. — Le *chanvre*, plante dioïque, dont la tige fournit les fibres avec lesquelles on prépare la filasse, et dont la graine appelée *chenevis* sert de nourriture aux oiseaux, et donne une huile à brûler. — La *pariétaire*, qui croît dans les fentes des vieux murs. — Le *houblon*, plante vivace à tige volubile, à fleurs dioïques, et dont le fruit est un cône formé d'écailles minces et membraneuses, entre chacune desquelles sont deux petits akènes. Les graines de houblon entrent dans la composition de la bière.

2ᵉ Tribu. Les ARTOCARPÉES, plantes ligneuses, à suc propre laiteux, plus ou moins âcre et même vénéneux.

PRINCIPAUX GENRES : le *jaquier* (*artocarpus*) ou l'arbre à pain (fig. 1, pl. 16), à fleurs monoïques, les mâles en chatons cylindriques, les femelles en chatons globuleux. Dans celles-ci, le calice devient charnu, et tous les fruits d'un même chaton finissent par se souder latéralement et par former une sorte de baie mamelonnée. Ces fruits globuleux, à peu près de la grosseur de la tête d'un homme, ont une pulpe douce et agréable, et servent de principale nourriture aux habitans des îles de la mer du sud. — Le *mûrier*, dont les fruits sont ovoïdes et formés, comme ceux du genre précédent, par l'agrégation de petits akènes à calice charnu, et soudés par leurs côtés. — Le *figuier*, dont les bourgeons sont allongés en pointe, et dont les fleurs unisexuelles sont réunies en grand nombre (mâles et femelles), dans un réceptacle commun, charnu, pyriforme et presque entièrement fermé à son sommet par plusieurs rangs de petites dents. Les fruits ou les *figues* se composent du réceptacle et des ovaires enchâssés dans sa pulpe.

On a rapproché des urticées le *poivre*, qui croît dans

l'Inde, et dont les baies desséchées et réduites en poudre servent aux assaisonnemens. On distingue parmi les espèces de ce genre, le *poivre noir*, le *poivre cubèbe* et le *bétel*, que mâchent les orientaux.

Appendice.

Auprès des urticées se placent les euphorbiacées et les cucurbitacées, deux familles qui renferment encore quelques genres intéressans. Les EUPHORBIACÉES sont des plantes à fleurs unisexuelles, herbacées ou ligneuses, qui contiennent presque toutes une grande quantité d'un suc blanc, laiteux et très-âcre. A cette famille appartiennent les *euphorbes*, qui sont des herbes lactescentes; les *croton*, dont une espèce fournit la laque, et une autre la couleur bleue dite *tournesol*; le *ricin*, dont les graines donnent une huile purgative; le *médicinier*, dont les racines fournissent la farine appelée *manioc*; le *buis* commun; le *mancenillier*, redoutable par ses propriétés délétères; l'*hévée* de la Guyane, dont le suc épaissi produit cette matière élastique appelée *caoutchouc* ou *gomme élastique*. Les CUCURBITACÉES sont des plantes herbacées, rampantes ou grimpantes, munies de vrilles qui naissent à l'aisselle des feuilles. Leurs fleurs sont généralement unisexuelles et monoïques, elles ont un calice et une corolle, soudés entre eux par leur base; les fleurs mâles ont cinq étamines, dont quatre sont souvent réunies deux à deux par les filets; les fleurs femelles ont un ovaire infère couronné par un disque épigyne. Le fruit est un pépon, c'est-à-dire qu'il est charnu, qu'il renferme un grand nombre de graines aplaties, nichées dans la pulpe, et que son centre est occupé par une cavité. A cette famille appartiennent les *courges* (*cucurbitæ*), parmi lesquelles on distingue comme espèces, les *calebasses*, dont le fruit a tantôt la forme d'une poire, tantôt celle d'une massue, et a une enveloppe extérieure assez dure remplie d'une pulpe aqueuse; les *pastèques* ou *melons d'eau*, qui fournissent une nourriture saine et rafraîchissante; les *potirons* ou *citrouilles*, dont le fruit est remarquable par son volume. Un autre genre, non moins connu, est celui des *cucumères* ou *concombres*, auquel se rapportent la *coloquinte*, le *melon*, le *concombre* proprement dit, dont les fruits encore jeunes et confits dans le vinaigre, portent le nom de *cornichons*. Nous citerons encore le genre *bryone*, dont une espèce, la brione blanche, est commune dans les haies et les lieux incultes. On a rapproché des cucurbitacées le genre *passiflore* ou *grenadille*, dont une espèce est répandue dans nos jardins sous le nom de *fleur de la passion*.

XVIII. FAMILLE DES AMENTACÉES.

Arbres ou arbrisseaux à feuilles alternes, tombantes, à fleurs unisexuelles (monoïques ou dioïques), ou rarement hermaphrodites. Les fleurs mâles disposées en chatons (fig. 1, pl. 17), les femelles solitaires ou en faisceaux, ou en chatons comme les mâles. Ces fleurs sont tantôt munies chacune d'un calice et tantôt d'une simple écaille ; le fruit, provenant d'un ovaire libre, varie beaucoup ; presque tous les arbres qui servent à notre chauffage et à nos constructions appartiennent aux amentacées.

PRINCIPAUX GENRES. L'*orme*, à fleurs hermaphrodites, et dont le fruit est une capsule presque orbiculaire, membraneuse sur les bords, et renflée au milieu, où se trouve une graine solitaire.—Le *saule*, à fleurs dioïques, disposées en chatons écailleux ; le fruit est une capsule uniloculaire à deux valves, et contenant des graines garnies de longs poils soyeux : l'*osier* est une espèce de saule. —Le *peuplier*, dont on distingue plusieurs espèces : le *peuplier blanc*, *peuplier tremble*, *peuplier d'Italie*, etc. —L'*aune* et le *bouleau blanc*.—Le *charme*.—Le *hêtre*, dont les fruits connus sous le nom de *faînes*, fournissent une huile excellente. — Le *chataignier*, dont le fruit est un *gland*, c'est-à-dire un fruit sec, monosperme par avortement, et enveloppé en totalité dans un involucre épineux (cupule). L'ovaire est formé de trois carpelles soudés, contenant chacun deux ovules : mais il avorte toujours plusieurs graines, et souvent il n'en reste qu'une seule. On donne le nom de *châtaignes* aux fruits où il reste plus d'une graine et des traces de cloisons à la maturité, et l'on appelle *marrons* ceux dans lesquels une seule graine a mûri, et où elle est par conséquent plus grosse.—Le *chêne*, dont le fruit est un gland entouré seulement à sa base d'une cupule écailleuse (chêne rouvre, chêne liége, chêne vert ou *yeuse*); cet arbre fournit la *noix de Galle*, sorte d'excroissance charnue, qui est due à la piqûre d'un insecte et qui se développe sur les pétioles des feuilles. C'est avec l'écorce de chêne concassée, qui dans cet état porte le nom de *tan*, que l'on tanne les diverses espèces de cuirs.—Le *coudrier* ou le *noisetier*.—Le *liquidambar*, de l'Amérique et du Levant, qui donne des résines très-odorantes.—Le *platane*.

XIX. Famille des conifères.

Arbres ou arbrisseaux à suc résineux, à feuilles toujours vertes et à fleurs unisexuelles, généralement disposées en chatons ou en cônes, et munies d'écailles imbriquées (fig. 5 et 6, pl. 17). Les feuilles sont en général linéaires et en forme d'alène, tantôt solitaires, tantôt réunies par leur base dans une petite gaîne au nombre de deux à cinq. Le fruit est (dans le plus grand nombre de genres) un cône, composé de cariopses recouvertes d'écailles ligneuses et distinctes, ou d'écailles charnues et soudées.

Principaux genres. Les *pins*, grands arbres à tête plus ou moins touffue, à feuilles géminées ou fasciculées et persistantes, et à fleurs monoïques : chatons mâles en épi ; cônes terminaux (ou situés à la partie supérieure des rameaux), composés d'écailles renflées à leur sommet. Cet arbre fournit différentes substances résineuses, telles que la térébenthine, la colophane, la poix noire et le goudron.—Les *sapins*, arbres à feuilles solitaires, persistantes, dont les rameaux sont étalés horizontalement, et dont la forme est pyramidale. Chatons mâles simples, cônes allongés, dressés, à écailles minces et non renflées au sommet.—Les *mélèzes*, à feuilles fasciculées et caduques, à chatons mâles simples, dont les cônes sont latéraux, et composés d'écailles non épaisses au sommet.—Le *cèdre du Liban*, l'un des arbres les plus grands et les plus majestueux de tout le règne végétal. —Les *genévriers*, arbres à fleurs dioïques, dont le fruit est globuleux, charnu et ressemble à une baie. Les *baies de genièvre*, qui sont noires et de la grosseur d'un pois, servent à aromatiser certaines liqueurs.—Les *cyprès*, dont le fruit est un cône sphérique à écailles ligneuses, pédicellées, en forme de tête de clou, et recouvrant chacune plusieurs graines ailées.—Le *thuya*, aux feuilles imbriquées et aplaties.—Les *ifs*, aux baies d'un rouge de cerise et vénéneuses.

Appendice.

A côté des conifères se placent les cycadées, qui ont les plus grandes analogies avec elles, sous le rapport de l'organisation des fleurs, quoiqu'elles aient le port des palmiers, et que la structure de leurs tiges se rapproche de celle des monocotylédones. On a même proposé de réunir ces deux familles et d'en former une classe particulière [1].

XX. FAMILLE DES IRIDÉES [2].

Plantes herbacées à racines tubéreuses, à feuilles entières, engaînantes. Fleurs d'abord renfermées dans une spathe membraneuse, ayant un périgone ou calice pétaloïde à six divisions, dont trois internes, dressées, et trois externes réfléchies (fig. 1, pl. 18); trois étamines insérées à la base des divisions externes du calice; un ovaire infère, surmonté d'un style et de trois stigmates souvent pétaloïdes (fig. 2). Le fruit est une capsule à trois loges et à trois valves, renfermant un grand nombre de graines attachées à l'angle interne des valves (fig. 3).

PRINCIPAUX GENRES. Les *iris*, plantes d'ornement.—

[1] C'est cette classe de plantes que M. Ad. Brongniart a désigné sous le nom de *phanérogames gymnospermes*, c'est-à-dire à ovules nus, et recevant directement l'influence du pollen.

[2] Les cinq familles suivantes appartiennent à la grande division des monocotylédones, ou des endogènes phanérogames.

Le *safran*, dont les stigmates fournissent la matière d'un jaune rougeâtre, connu sous ce nom dans le commerce.

Appendice.

Près des iridées se placent les familles suivantes, qui toutes ont les étamines épigynes.—Les *bananiers*, plantes herbacées, dont la tige est formée par les pétioles engaînans des feuilles, qui sont très-grandes et ont une côte très saillante. Ce sont des végétaux originaires des Indes orientales, et très précieux par la nourriture que fournissent leurs fruits appelés *bananes*, et par l'emploi que l'on fait de leurs larges feuilles pour couvrir le toit des habitations. — Les *balisiers* ou *cannes d'Inde*, qui ont beaucoup de ressemblance avec les bananiers, mais dont les fleurs n'offrent qu'une seule étamine; à ce groupe appartiennent le *gingembre*, plante aromatique; le *curcuma*, dont la racine fournit une matière colorante jaune.—Les *orchidées*, plantes herbacées à racines fibreuses ou formées de tubercules, à fleurs en épi munies de bractées et remarquables par l'irrégularité de leur enveloppe florale, dont une division nommée *labelle* ou *tablier*, présente des formes bizarres et souvent imitatives, comme celles d'une abeille, d'une mouche, d'une araignée, etc. Le calice pétaloïde est à six divisions profondes, dont cinq supérieures et une inférieure (le tablier). Les anthères, au nombre de une à deux, sont sessiles et insérées au sommet ou sur les côtés du style, qui est en forme de colonne. C'est avec les tubercules de ces plantes que l'on prépare le *salep*. Principaux genres : les *orchis*, à tablier muni d'un éperon (orchis mâle, orchis militaire, orchis singe, etc.).—Les *ophrys*, à tablier sans éperon (ophrys homme, ophrys abeille, ophrys araignée, etc.).—La *vanille*, dont le fruit est employé comme aromate.

XXI. FAMILLE DES NARCISSÉES.

Plantes à racine le plus souvent bulbeuse, à feuilles radicales engaînantes, à fleurs entourées d'une spathe commune, fendue latéralement. Calice pétaloïde à six divisions adhérant par sa base à l'ovaire; six étamines soudées par les filets avec le tube du calice; un ovaire à trois loges, surmonté d'un style et d'un stigmate à trois lobes; le fruit est une capsule polysperme à trois loges et à trois valves (fig. 4, 5 et 6, pl. 18).

PRINCIPAUX GENRES. Parmi les plantes d'ornement: les *narcisses*, à calice tubuleux, dont la gorge est garnie d'une sorte de godet pétaloïde (*nectaire*), et dont le limbe est étalé (le narcisse des prés, le narcisse des poètes, la jonquille, etc.)—Les *amaryllis* (le lis de Saint-Jacques, la belladone).—Le *leucoïum* d'été.—Le *perce-neige*. On rapporte à cette famille les *agaves*, plantes grasses originaires des contrées chaudes de l'Amérique, à feuilles épaisses, solides et armées de piquans, dont les fibres servent à faire des toiles et des cordages: elles sont remarquables par la rapidité avec laquelle croissent leurs stipes ou tiges en gaîne. En moins de huit jours, ces tiges parviennent à vingt ou vingt-cinq pieds de hauteur.—Les *bromelia* ou *ananas*, originaires de l'Amérique méridionale, dont on mange le fruit formé par l'agrégation d'un grand nombre de baies à l'entour d'un axe devenu charnu et succulent : ce fruit, renommé pour sa saveur et son arome, a l'aspect d'un cône de pin, et il est surmonté d'une couronne de feuilles.

XXII. FAMILLE DES LILIACÉES [1].

Plantes herbacées à racine ordinairement bulbeuse (fig. 9, pl. 18), et à feuilles sessiles ou engaînantes. Fleurs ayant un calice pétaloïde, à six divisions égales et régulières, disposées sur deux rangs (fig. 7); six étamines insérées à la base des divisions du calice; un ovaire libre à trois loges, renfermant plusieurs ovules attachés à l'angle interne de chaque loge; un style simple ou nul, un stigmate ordinairement à trois lobes. Le fruit est une capsule polysperme à trois loges et à trois valves (fig. 8).

---

[1] Cette famille et la suivante appartiennent à la classe des monocotylédones à étamines périgynes (de Jussieu).

Cette famille renferme un grand nombre d'espèces remarquables par l'élégance de leur port, la beauté et le
parfum de leurs fleurs ; la plupart sont cultivées dans
nos jardins.

PRINCIPAUX GENRES. Le *lis*, dont les fleurs ont un calice en cloche, à divisions profondes, souvent réfléchies
et marquées en dedans d'un sillon glanduleux.—La *fri-
tillaire* ou couronne impériale, à fleurs renversées et verticillées, formant une couronne surmontée d'une touffe
de feuilles.—L'*asphodèle*, dont le calice est à divisions
profondes, étroites et étalées, dont les fleurs sont en
épi, et dont le fruit est une capsule sphérique.—La *tulipe*, dont le calice est en cloche, et l'ovaire est dépourvu
de style.—La *jacinthe*, à calice campanulé, découpé
seulement sur le bord.—Le *muscari*.—La *scille*.—L'*or-
nithogale*.—L'*ail*, dont les fleurs en ombelle sont entourées d'une spathe à deux valves et dont les principales
espèces sont connues sous le nom d'*ail commun*, d'*ognon*,
d'*échalotte*, de *poireau*.—La *tubéreuse*, remarquable par
son odeur forte et suave.— L'*hémérocalle*, dont les
fleurs assez semblables à celles du lis, en sont distinguées
en ce que leur calice est un peu irrégulier, que leurs
étamines sont penchées et leur stigmate velu.—L'*aloès*,
plante à racine vivace et fibreuse, à feuilles épaisses et
charnues, tantôt couvertes de verrues, tantôt parsemées
de taches ou d'épines : ces fleurs sont disposées en épi.
—L'*yucca*. Ces deux derniers genres contiennent les espèces de la famille qui atteignent la taille la plus élevée.

Appendice.

Les asparaginées ne diffèrent des liliacées que par
leur port, par leur racine fibreuse et leur fruit qui est
une baie. Cette famille comprend entre autres genres :
l'*asperge*, dont les fleurs sont petites, d'un jaune-ver-
dâtre, portées sur des pédoncules filiformes : ses fruits
sont des baies rouges, de la grosseur d'un pois. Ce sont
les jeunes pousses que produisent chaque année les racines de cette plante, qui nous servent d'aliment.—La
salsepareille, plante médicinale. — Le *muguet*, plante

d'ornement, aux fleurs pendantes, petites, dont le calice urcéolé présente six dents roulées en dehors. A côté des liliacées viennent se ranger plusieurs genres, qui sont devenus les types d'autant de familles : le *colchique*, petite plante bulbeuse, qui croît en automne dans les prairies humides; ses fleurs d'un rose pâle ont un calice à long tube, dont le limbe est à six divisions profondes, six étamines insérées au tube du calice, trois ovaires libres ou soudés, surmontés chacun d'un long style. — Le *butome* ou *jonc-fleuri*, jolie plante de marais, à fleurs rosées, veinées de rouge et disposées en ombelle; chacune d'elles a neuf étamines, six ovaires et six styles. —Le *fluteau* ou *plantain d'eau*, dont les fleurs ont six étamines et des ovaires en grand nombre (de 15 à 25). — L'*éphémère* de Virginie, dont les fleurs ont un périanthe double ou un calice à deux rangs de sépales, les inférieurs étant pétaloïdes et d'un beau violet. Les étamines sont au nombre de six, et ont leurs filets munis de poils articulés.—Les *joncs*, plantes herbacées, à feuilles engaînantes, cylindriques ou carénées, à fleurs hermaphrodites, terminales, renfermées avant leur épanouissement dans la gaîne de la dernière feuille. Chaque fleur a six sépales et six étamines, le fruit est une capsule à trois loges et à trois valves. Les joncs habitent principalement les lieux marécageux; leurs tiges flexibles sont employées à faire des nattes et des liens pour le jardinage.

XXIII. Famille des palmiers.

Arbres ou arbustes à tige simple, cylindrique, composée de fibres longitudinales; à racine fibreuse étalée; feuilles pennées ou palmées en forme d'éventail, rassemblées en un faisceau au sommet de la tige (fig. 1, pl. 19). Fleurs hermaphrodites ou unisexuelles, en chaton ou en spadice rameux, nommé *régime*, et enveloppées avant leur épanouissement dans une spathe coriace et quelquefois ligneuse. Calice à six divisions, trois internes et trois externes plus petites : six étamines, trois ovaires dont deux avortent souvent. Le fruit est une drupe charnue ou fibreuse, contenant un noyau osseux très-dur, à une ou à trois loges monospermes. La famille des palmiers renferme les arbres les plus grands et les fruits les plus utiles à l'homme : ils habitent presque tous les régions équatoriales.

PRINCIPAUX GENRES. 1°. A feuilles déchirées en lanières (*palmes*) : le *dattier*, à fleurs unisexuelles et dioïques, à fruits charnus et sucrés (*dattes*) de la grosseur et à peu près de la longueur du pouce ; il croît naturellement en Égypte et dans l'Inde.—Le *sagoutier*, dont la moelle fournit une fécule nommée *sagou*.—Le *cocotier* des Indes, (fig. 1 , pl. 19), dont on mange les fruits ou *cocos*, et dont on boit le lait, espèce d'émulsion que l'on trouve au milieu de l'amande , lorsqu'elle n'est point encore mûre.—L'*arec*, dont une espèce, le *chou palmiste*, fournit aussi un aliment dans le bourgeon non encore développé, qui termine son stipe.—Le *rotang* (*calamus*), dont les tiges souples et tenaces fournissent nos cannes de roseau ou joncs à cannes. 2°. A feuilles palmées ou en éventail : le *palmier éventail* (*chamæraps*) , qui croît naturellement sur les côtes européennes de la Méditerranée. — Le *latanier*. — Le *corypha* de Malabar , le plus beau des palmiers par ses feuilles, dont une seule peut couvrir quinze ou vingt hommes. On retire de certains palmiers une séve sucrée, que la fermentation transforme en vin (*vin de palme*), et dont on retire par la distillation une sorte d'eau-de-vie (le *rack*).

XXIV. FAMILLE DES GRAMINÉES [1].

Cette grande famille comprend tous les végétaux connus sous les noms vulgaires de *céréales*, *d'herbe*, *de gramen* ou de *gazon*. Ce sont des plantes herbacées dont la tige est un *chaume*, c'est-à-dire qu'elle est cylindrique, fistuleuse, entrecoupée de nœuds solides, de chacun desquels part une feuille engaînante, dont la gaîne est fendue longitudinalement, et offre à son point de jonction avec les feuilles une petite languette qu'on nomme

---

[1] Cette famille appartient à la classe des monocotylédones à étamines hypogynes (de Jussieu).

ligule : ces feuilles sont alternes. Les fleurs n'ont pour enveloppe que des écailles ou bractées, formant des involucres particuliers appelés *glumes*, elles sont presque toujours hermaphrodites, ont trois étamines hypogynes et un ovaire libre surmonté de deux stigmates plumeux (fig. 2, pl. 19). Le fruit est une cariopse à périsperme farineux. La base de l'ovaire est entourée de deux petites écailles ou valves, qui constituent la *glumellule* (fig. 2) ; la fleur est immédiatement enveloppée de deux autres écailles plus grandes, formant la *glumelle* : et plusieurs fleurs sont souvent réunies en un petit groupe qu'on nomme *épillet*, lequel est à son tour enveloppé de deux dernières écailles, composant la *glume* proprement dite. La glume et la glumelle n'ont quelquefois qu'une seule écaille ; les épillets sont disposés tantôt en épi, tantôt en panicule. Les caractères génériques se tirent de la nature de la fleur, qui est hermaphrodite ou unisexuelle ; du nombre des styles, des étamines, des fleurs de chaque épillet ; de la disposition de ces épillets qui sont sessiles ou pédonculés, solitaires ou réunis, parallèles ou opposés à l'axe, c'est-à-dire le regardant par une de leurs faces ou par un de leurs côtés ; du nombre des valves ou des écailles, composant la glume ou la glumelle ; de la forme de ces écailles, qui sont entières ou échancrées, munies ou dépourvues de longues barbes ou arètes ; de l'inflorescence, qui est en épi ou en panicule, de l'axe de l'épi, qui est entier ou denté, etc.

PRINCIPAUX GENRES. Parmi les plantes à fourrage : l'*agrostis* (fig. 2, pl. 19).—Le *brome*, la *fétuque*, le *fléau*, le *paturin* et le *vulpin des prés*.—La *houque*.—La *flouve* et l'*ivraie*, dont les fleurs sont en épi et dont les épillets sont solitaires, et parallèles à l'axe qui est denté. Parmi les céréales : le *froment* ou *blé*, dont les épillets sont pareillement solitaires, mais opposés à l'axe. Une espèce de froment est remarquable par ses racines longues et rampantes, que l'on vend sous le nom de *chiendent*.— Le *seigle*, dont les épillets sont solitaires sur chaque dent de l'axe, et dont l'épi est chargé de longues barbes, placées au sommet des valves extérieures des glumelles. —L'*orge*, dont les épillets sont disposés trois à trois sur les dents de l'axe, et dont les épis sont barbus. La bière se fait avec l'orge et le houblon. L'orge *mondé* ou *perlé*, est le grain privé de son enveloppe et plus ou moins arrondi par une action mécanique.—L'*avoine*, dont les ·fleurs sont en panicule, la valve externe de la glumelle portant sur son dos une arête torse; c'est avec son grain qu'on prépare le gruau.—Le *riz*, dont les fleurs sont en panicules et à six étamines.—Le *maïs* ou *blé de Turquie*, *blé d'Inde*, à fleurs monoïques, dans des épis séparés; les fleurs mâles sont disposées en panicule à la partie supérieure de la plante. Les fleurs femelles sont situées au-dessous des mâles aux aisselles des feuilles. Les fruits sont gros, disposés par séries longitudinales et comme incrustés dans l'axe charnu de l'épi. Parmi les plantes économiques : le *mil* ou *millet*, dont les fleurs sont en panicule, et dont les graines servent à nourrir les petits oiseaux que l'on élève en cage.—La *canne à sucre (saccharum officinale)*, fig. 3, pl. 19, dont la tige, haute de huit à douze pieds, se distingue par ses larges feuilles et sa panicule terminale, très-grande, étalée et ayant une forme presque pyramidale. On sait que c'est des tiges de cette graminée que l'on retire la plus grande partie du sucre consommé en Europe. Le *rhum* ou eau-de-vie de sucre, est encore un de ses produits.—Le *roseau* (*arundo*), si commun dans les lieux marécageux, dont les chaumes droits, hauts de un à deux mètres, sont garnis de feuilles rubannées, coupantes et denticulées sur leurs bords. On s'en sert pour couvrir les cabanes, et pour faire de petits balais d'appartemens.—Le *bambou*, genre de graminée arborescente, des contrées équatoriales, qui rivalise avec les palmiers pour la grosseur, l'élévation et la solidité de ses tiges. Les plus jeunes servent à faire des cannes.

Appendice.

A côté des graminées se placent les cypéracées, qui ont avec elles la plus grande analogie, mais qui s'en distinguent en ce que leurs chaumes sont le plus souvent dépourvus de nœuds, que la gaîne de leurs feuilles n'est point fendue, et que leur glume est à une seule valve

(ex. : les souchets, les laiches, les scirpes, plantes maré-
cageuses). Nous citerons encore comme familles voisines
des graminées : les *aroïdées*, qui ont pour type le genre
arum, dont les fleurs, disposées en spadice, sont enveloppées d'une spathe colorée, roulée en cornet; les *ty-
phacées*, plantes aquatiques, à fleurs monoïques, disposées en chatons épais, cylindriques ou globuleux, à
l'extrémité de la tige qui leur sert d'axe, les mâles étant
au-dessus des femelles. Ex. : les *massettes*, dont les chatons femelles sont placés en forme de pompon au sommet d'une tige nue, et les *rubans d'eau*, dont les fleurs
sont disposées en têtes arrondies. On a rapproché de
ceux-ci le genre *baquois* ou *pandanus*, qui comprend
des arbrisseaux dont les feuilles longues et épineuses sont
imbriquées en spirale autour de la tige, et forment à
son sommet une touffe du milieu de laquelle s'élèvent
des spadices de fleurs mâles ou femelles. Leurs fruits
s'agrégent en une tête, comme dans l'ananas.

DES VÉGÉTAUX CRYPTOGAMES.

Nous terminons ici ce que nous avions à dire des végétaux
vasculaires et phanérogames. Il ne nous reste plus qu'à
donner quelques notions des végétaux *cryptogames*,
ainsi nommés parce que leurs organes fructificateurs ne
sont point visibles à l'œil nu. Les uns sont encore munis de vaisseaux, et ont beaucoup de rapports avec les
monocotylédons : mais on ne peut affirmer qu'ils soient
doués de fécondation; les autres sont complètement cellulaires et peut-être en même tems *agames* ou sans fécondation, mais c'est encore ce qu'il est impossible de
décider. Tous néanmoins sont pourvus de corpuscules
qui servent à reproduire l'espèce, et auxquels on a
donné un nom particulier, pour ne point préjuger leur
nature, celui de *sporules* ou de *séminules*. Ces sporules
sont ordinairement contenues dans de petites capsules
vésiculaires.

1°. *Des cryptogames vasculaires*. Ils composent plusieurs familles, entre autres les trois suivantes.

Les Fougères, plantes ordinairement herbacées, mais
devenant quelquefois arborescentes dans les régions tro-

picales et s'élevant alors à la manière des palmiers. Leurs feuilles qu'on nomme *frondes*, portent les organes de reproduction ou les sporules sur leur face inférieure : ces feuilles sont alternes, simples, mais profondément découpées à la manière des plumes, et roulées en crosse avant leur entier développement. (Principales espèces : le *capillaire*, la *scolopendre*, l'*osmonde royale*, le *polypode commun*).

Les ÉQUISÉTACÉES ou les PRÊLES, vulgairement les *queues de cheval*, plantes herbacées, à tige creuse, cannelée, divisée en rameaux verticillés et composée comme ceux-ci d'articles allongés, munis à leur point de jonction d'une gaîne dentée, qui paraît formée par la réunion de feuilles verticillées. Les fructifications sont en épis terminaux.

Les LYCOPODES, plantes à tiges couvertes de feuilles nombreuses et petites, ayant des capsules de deux sortes, situées à l'aisselle des feuilles ou de bractées composant des épis terminaux. Il s'échappe de ces capsules une poudre fine, qui s'enflamme et brûle avec tant de rapidité, qu'elle peut communiquer le feu aux corps environnans.

2°. *Des cryptogames cellulaires.* Les végétaux cellulaires composent cinq familles, dont les deux premières sont pourvues de feuilles; les trois autres en sont dépourvues. Ces familles sont les suivantes :

Les MOUSSES, petites plantes à feuilles éparses ou imbriquées, qui croissent réunies par groupes sur la terre, sur le tronc des arbres et sur les vieux murs. Leurs sporules sont renfermées dans une espèce de capsule, nommée *urne*, portée sur un pédicelle filiforme, et munie d'un opercule. Outre cet organe, que l'on a comparé à une fleur femelle, il y en a un second d'une autre sorte, que l'on a comparé à une fleur mâle; il se compose d'une petite vésicule portée sur un filet très-court. (Principales espèces : la *sphaigne des marais*, le *polytric commun*).

Les HÉPATIQUES, plantes intermédiaires entre les mousses et les lichens, formant tantôt des expansions membraneuses, vertes, simples ou lobées, et tantôt prenant l'apparence de tiges garnies de feuilles distinctes.

Les organes de reproduction sont très-variés. (Principaux genres : *hépatique* , *jongermanne*).

Les LICHENS, plantes vivant sur l'écorce des autres arbres, sur la terre humide, ou sur les roches les plus stériles ; elles se présentent sous la forme de croûtes membraneuses, simples ou lobées et de couleur variable, d'expansions planes, vertes, arborescentes ou d'apparence foliacée (*thallus*); quelquefois d'une simple poussière. Les sporules sont renfermées dans des réceptacles en forme d'écussons ou de tubercules (*apothécions*). (Principales espèces : le *lichen d'Islande*, le *lichen fleuri*, le *lichen roccelle*, qui fournit une couleur violette nommée *orseille*).

Les CHAMPIGNONS, plantes terrestres ou parasites, de consistance gélatineuse, charnue ou coriace, jamais colorées en vert à l'intérieur, et de forme extrêmement variable. Leurs sporules sont tantôt renfermées dans le corps même du végétal, tantôt placées à la surface sur une membrane particulière. Les champignons croissent en général dans les lieux un peu humides et ombragés. On sait que plusieurs d'entre eux servent d'aliment à l'homme, mais qu'un grand nombre sont des poisons subtils. Principaux genres : les *agarics*, champignons charnus en forme de parasols, composés d'un chapeau garni en dessous de feuillets rayonnans et porté par un pédicule. Le champignon de couche que l'on mange à Paris en est une espèce. Les *amanites* (oronge, fausse oronge, etc.) : elles diffèrent des agarics par la présence d'une bourse qui enveloppe le champignon avant son développement, et qui se rompt ensuite irrégulièrement. Les *bolets* , dont le chapeau est garni en dessous de tubes serrés et perpendiculaires ; c'est avec une espèce de bolet qui croît sur le chêne que l'on prépare l'amadou. Les *clavaires*, champignons charnus, sans chapeau distinct, ayant la forme d'une massue, irrégulièrement ramifiés à la manière du corail. Les *lycoperdons* (vulgairement *vesse de loup*), dont les sporules sont renfermées dans un réceptacle charnu et pyriforme, qui s'ouvre à la maturité, pour les laisser échapper sous forme de poussière. Les *truffes*, champignons charnus, irrégulièrement arrondis et tuberculeux, dont l'intérieur est marbré ou veiné; ils ne vivent que sous terre. Notre truffe comestible appartient à ce genre. Les *mucors* (vulgairement nommés *moisissures*); ce sont des filamens rameux et entrecroisés, se renflant à leur extrémité en une vésicule qui renferme les sporules. Ils se développent à la surface des corps organiques qui commencent à se décomposer. Les *urédos*, simples poussières végétantes, qui naissent sous l'épiderme des plantes et causent souvent leur dépérissement et leur mort; ce sont ces productions parasites que les agriculteurs désignent par les mots de *rouille*, *charbon*, *nielle*, *carie*.

Lés ALGUES, plantes aquatiques, de consistance herbacée, cartilagineuse ou coriace, composées de cellules plus ou moins allongées, qui par leur réunion forment des filamens ou des tubes, simples ou rameux, continus ou articulés, des lames membraneuses, simples ou lobées, des espèces de réseaux. Leurs corpuscules reproducteurs sont renfermés soit dans l'intérieur du tissu, soit dans des réceptacles extérieurs en forme de tubercules plus ou moins allongés. Ces plantes sont d'une couleur verdâtre ou rougeâtre : les unes vivent dans les eaux douces (les *conferves*); les autres dans les eaux de la mer (les *thalassiophytes*). Principaux genres : les *conferves*, plantes composées de filamens déliés, simples ou rameux, tubuleux, articulés et renfermant dans leur intérieur de petits globules de matière verte. Les *ulves*, plantes de consistance herbacée et de couleur verte, ne noircissant pas à l'air; formant des expansions membraneuses, planes ou fistuleuses, dans l'intérieur desquelles les corps reproducteurs sont épars. Certaines espèces habitent la mer, d'autres les eaux douces (ex. : l'*ulve ombiliquée*, qui se voit souvent sur les écailles d'huîtres; l'*ulve intestinale*, qui a l'aspect d'un boyau verdâtre, et qui croît à la fois dans les ruisseaux et dans la mer). Les *fucus* ou *varecs*, plantes de consistance cartilagineuse ou coriace d'un brun-verdâtre ou d'un vert-brunâtre, composées de frondes planes, inarticulées, munies de vésicules aériennes et presque toujours d'une nervure médiane, et portant à leurs extrémités des fructifications tuberculeuses. Ces plantes tiennent aux rochers par une sorte d'empâtement assez étendu (ex. : les *varecs siliqueux*, *vésiculeux*, etc., communs sur les côtes océaniques, et dont on extrait de la soude par la combustion et l'incinération ; le *varec vermifuge*, qui fournit le médicament connu sous le nom de *mousse de Corse*).

C'est parmi les algues que l'on trouve les plantes de l'organisation la plus simple, et c'est dans cette famille que l'on observe les espèces qui forment en quelque sorte le lien et le passage entre les végétaux et les animaux.

TABLE ANALYTIQUE

DES MATIÈRES

CONTENUES DANS LA SECONDE PARTIE.

FIN DE LA TABLE.

www.ingramcontent.com/pod-product-compliance
Ingram Content Group UK Ltd.
Pitfield, Milton Keynes, MK11 3LW, UK
UKHW022222120726
13694UKWH00002B/660